国家社科基金青年项目

马克思诞辰200周年纪念文库
The 200ᵗʰ Anniversary Books for Karl Marx

马克思生产理论的当代价值研究

覃志红｜著

中央编译出版社
Central Compilation & Translation Press

图书在版编目（CIP）数据

马克思生产理论的当代价值研究 / 覃志红著 .-- 北京：中央编译出版社，2019.1

ISBN 978-7-5117-3659-8

Ⅰ.①马…

Ⅱ.①覃…

Ⅲ.①马克思主义—生产—理论研究

Ⅳ.① A811.66

中国版本图书馆 CIP 数据核字（2018）第 284936 号

马克思生产理论的当代价值研究

出 版 人：葛海彦

责任编辑：杜永明

责任印制：刘　慧

出版发行：中央编译出版社

地　　址：北京西城区车公庄大街乙 5 号鸿儒大厦 B 座（100044）

电　　话：（010）52612345（总编室）　　　（010）52612349（编辑室）
　　　　　　（010）52612316（发行部）　　　（010）52612346（馆配部）

传　　真：（010）66515838

经　　销：全国新华书店

印　　刷：三河市华东印刷有限公司

开　　本：710 毫米 ×1000 毫米　1/16

字　　数：208 千字

印　　张：14.5

版　　次：2019 年 1 月第 1 版

印　　次：2019 年 1 月第 1 次印刷

定　　价：78 .00 元

网　　址：www. cctphome. com　　　**邮　　箱**：cctp@cctphome. com

新浪微博：@中央编译出版社　　　**微　　信**：中央编译出版社（ID：cctphome）

淘宝店铺：中央编译出版社直销店（http: // shop108367160.taobao.com）（010）55626985

本社常年法律顾问：北京市吴栾赵阎律师事务所　闫军　梁勤

凡有印装质量问题，本社负责调换，电话：（010）55626985

自 序

　　2018年，是马克思诞辰200周年纪念日，适逢中国改革开放40周年之际。马克思一生勇于探索实践、不断追寻真理，给人类留下了宝贵的思想遗产，早在马克思主义创立时期，马克思就强调实践的观点，并把"改变世界"作为其哲学乃至整个理论的独特品格。实践性因而成为马克思主义理论区别于其他理论的显著特征。而改革开放是中国共产党在新的时代条件下带领全国各族人民进行的伟大变革，是当代中国最鲜明的特色。历史和实践证明，全面深化改革必须坚持马克思主义指导，破除一切不合时宜的思想观念，提高改革决策的科学性，坚持改革的正确方向。同时，应对改革进程中的各种挑战，落实改革部署和重大政策措施，也都离不开马克思主义在理论与实践中的真实在场。

　　生产作为人类最为重要的实践活动，关乎人类社会的生存与发展。因此，关于生产的观点也就成为马克思主义一个基础性的理论问题，无论是在马克思主义哲学抑或马克思主义政治经济学中，都具有奠基性的作用。随着全球化浪潮、消费社会以及信息化时代的来临，马克思生产理论面临前所未有的挑战和质疑。在这样一个历史背景下，将马克思生产理论作为一个意义整体展开研究，深入挖掘和提炼马克思生产理论的精神实质和理论内涵，并结合现时代生产的新特点，对话时代课题，对于凸显马克思生产理论的当代价值，助力全面深化改革进程，具有积极的意义。

　　本书是作者在前期关于马克思总体生产思想研究（《马克思总体生产思想研究》，人民出版社2012年版）的基础上进一步深入研究的结果，与前期研究相比，本书在研究主题、文本研究的精细程度、侧重方向、具体研究内容和逻辑结构等方面均有实质性的不同。本书坚持了前期研究的基本理论观点，主要以马克思生产理论的当代价值为研究主题，通过对马克思生产理论形成的思想史进行深度的文本耕耘，对其产生的历史环境、思想渊源和思想发展过程加以探究，特别是对马克思生产理论同古典哲学、古典政治经济学的批判继承关系进行了梳理和概括。明确将马克思生产理论的精神实质和理论内涵概括为生产的历史阐释、社会批判与价值诉求的有机统一。重点揭示了马克思生产理论同唯物史观创立的历史逻辑关联，马克思生产理论与古典政治经济学的批判继承关系，马克思生产理论超越启蒙思想的实践自由论域。同时结合现时代生产的新特点，着重对知识经济时代的价值创造、虚拟经济和消费社会的生产批判以及现时代社会面临的诸如生态危机、金融危机、科技异化和城市发展难题等发展困境，从生产的整体性视角加以审视，力图用马克思生产理论的原则方法来加以思考，并尝试为走出发展困境寻找出路，从而更好地展现理论的智慧之光、逻辑力量和深邃的穿透力。

　　在研究方法上，着力推进面向实践的生产理论整体性研究，在强化方法论自觉的同时，把研究纳入整体的马克思主义视界中，以问题导向桥接理论和实践的断层，这是本书尝试努力的方向。当然，由于受实际能力和时间所限，本书的研究还十分粗浅，许多关于生产的深层次理论和现实问题还未能涉及，这也成为今后深化相关研究的努力方向。而只有坚持推进面向实践的生产理论整体性研究，才能不断深化相关理论研究，推动理论创新，同时廓清生产问题认识上的迷雾，凸显马克思生产理论的当代价值。

Contents

目 录

下篇　生产的现实境遇

导言　马克思生产理论的问题域和时代课题

　　"生产"是历史唯物主义的一个核心概念。不管是在马克思主义哲学，抑或是在马克思主义经济学中，关于生产的观点都是一个具有基础性意义的理论问题。毫不夸张地说，即使在马克思主义理论的整个结构体系中，生产理论也都起着奠基性的作用。随着全球化浪潮、消费社会以及信息化时代的来临，整个世界在经济、政治、文化诸领域都发生了极为深刻的变化，思想领域也呈现出多元化的特点。在各种社会思潮的碰撞中，马克思生产理论面临前所未有的挑战和质疑。面对错综复杂而又不断变化的生产现实，人们在思想上产生了许多疑虑。如，马克思生产理论究竟还有没有解释力和批判力？它是否真的像某些学者所批评的那样，在本质上隶属于资产阶级"生产主义"意识形态？马克思生产理论到底有着怎样的理论品格和逻辑魅力？在全球化、信息化的今天，它究竟过没过时？等等。当前，对这些问题的理解还存在一定程度的模糊甚至是不正确的认识，由此导致的认识误区和思想混乱极易动摇社会的思想根基，对于我们树立牢固的理论自信、制度自信、道路自信和文化自信产生不利的影响，甚而影响中国特色社会主义伟大事业的顺利推进。上述疑问已成为马克思主义研究者不得不面对和迫切需要回应的问题。正确理解和把握马克思生产理论的精神实质，及时、准确地发掘其当代价值，积极回应时代的挑战，已成为当前推进马克思主义哲学研究以及历史唯物主义理论创新的一个重要的时代课题。

一、聚焦生产主题

　　研究主题的确立主要是由时代主题决定的。面对马克思生产理论在现时代所遭遇的挑战和质疑，既要把握时代的脉搏和发展方向，直面时代主题，又要弄清马克思生产理论产生的时代背景、研究主题、提问方式、理论内涵与逻辑方法，准确把握理论的逻辑转换与价值旨归，以具体的生产实践来激活生产理论的研究，以创新的理论来指导现实社会的生产实践。

　　生产最初进入马克思的理论视野，与其1843年开始着手政治经济学研究密不可分。从物质利益难题到市民社会解析，从异化劳动探源再到历史发源地解密，从确定历史观出发点为"直接生活的物质生产"到深入生产方式内部寻找历史钥匙，再到对资本主义社会进行"人体解剖"和深刻的社会批判，随着马克思经济学研究的不断深入，马克思关于生产的研究主题也随之不断拓展和深化。一旦马克思开始了有关物质利益难题的追问，他原有的理性哲学观的内在矛盾便凸显出来，思想上的矛盾进而推动马克思努力寻求哲学观的根本性变革。马克思的哲学思想来源于德国古典哲学，在不断对自己的哲学思想进行清理并日益与旧哲学决裂的过程中，马克思逐渐形成了崭新的历史观，值得一提的是，马克思对黑格尔辩证法加以批判地继承，特别是吸收了其"把世界看作一个有机联系的整体和辩证发展的过程"这一理论精华，并在新历史观的指导下实现了对古典政治经济学的超越，从而把生产的研究纳入了一个更宽广的社会历史视野当中。与古典经济学家不同，马克思眼中的生产不是一个单纯的经济学概念，关于生产问题的研究体现了哲学与经济学之间辩证的张力。生产不单单是唯物史观创立过程中一个重要的、基础性的概念，它更是成为一把利剑，无情地对资本主义社会展开深刻的政治经济学批判。

　　回溯马克思所处的时代，工厂制度广泛推行，自由竞争十分普遍，资本主义机器大工业生产体系开始取代旧有落后的生产方式，进而在整个社会得以确立。国内、海外市场不断得到拓展，这一切带来社会生产力的极大提高和社会财富的急速增长，资本主义生产方式似乎拥有了"呼风唤雨"般的神奇力量。机器化的大生产，在创造出比历史上更多的物质财富的同时，也建立起全新的社会关系。随着建立在生产资料私人占有制基础上的资本主义生产方式的日益稳固，（雇佣）劳动同资本之间的矛盾也日益突出。当初被资产阶级经济学家广为称颂的自由竞争，现在不断遭到日益扩张的垄断性组织的破坏；原来为古典政治经济学家特别是斯密等人所推崇的增加国民财富的有效途径，如今却变成了资本家贪婪逐利的手段。无产阶级与资产阶级之间的矛盾和斗争也随着资本主义生产的进一步发展，而变得日益尖锐、复杂且不可调和。在此条件下，出于维护自身利益的目的，关于生产的研究，资产阶级经济学家开始背离古典经济学派已经取得的科学性探索方向，日益走向了庸俗化，他们把研究范围从古典学派已经开始实现的从流通过程向生产过程的研究转变，重又倒退和缩小甚至抽象为仅仅在一定社会生产方式的交换关系之中打转，丧失了生产理论的生机与活力。因此，如何恢复生产理论的内在生命力，从而科学地理解和研究生产问题，就成为马克思时代的一个重要的理论和现实课题。

　　从研究的初衷和主题演进的过程来看，马克思并非为生产而研究生产，每一次生产研究主题的转换，都始终蕴含着为人类的自由解放和全面发展而奋斗的根本价值诉求，也即没有脱离人这个主体。这也是马克思和恩格斯所开创的以"改造世界"为理论宗旨的哲学革命的根本价值旨归。从马克思中学毕业时立志选择"最能为人类福利而劳动的职业"①，到博士论文时期提出在政治上通过"世界的哲学化和哲学的世界化"②来消除封建专制主义和宗教神学对人的精神自由的束缚和扼杀，再到《黑格尔法哲学批判》导言中明确地提出哲学批判的根本任务是为了实现人类的彻底解放而服务③，接着在《1844年经济学哲学手稿》中把"富有的人"或"全面的人"作为人类社会发展的目标，以及在《共产党宣言》中展望"每个人的自由发展是一切人的自由发展的条件"④，直至《1857—1858年经济学手稿》中明确将未来社会设想为"建立在个人全面发展和他们共同的、社会生产能力成为从属于他们的社会财富这一基础上的自由个性"⑤。纵观马克思这一思想发展历程，可见从价值目标及其实现途径上看，他经历了一个从争取人的"精神解放"到"政治解放"，再到通过现实的人的生产实践实现"全人类解放"的思想发展历程。而其关于生产的思想和观点在这一价值目标的设定与实现之路的探索过程中发挥着极其重要的作用。生产是为人服务的，关于生产的研究也不可能脱离开人这一实践主体。因此，在确立生产研究主题时，无论如何不能离开人的自由全面发展这一根本价值目标，偏离了这一核心，也就背离了马克思生产理论的立论之本，更遑论马克思生产理论的发展和创新了。

---

① 《马克思恩格斯全集》第40卷，人民出版社1982年版，第7页。

② 《马克思恩格斯全集》第1卷，人民出版社1975年版，第76页。

③ 参见《马克思恩格斯选集》第1卷，人民出版社1995年版，第2、12页。

④ 《马克思恩格斯选集》第1卷，人民出版社1995年版，第294页。

⑤ 《马克思恩格斯全集》第30卷，人民出版社1995年版，第107—108页。

二、对话时代课题

如今，我们生活的世界正发生着史无前例的变化。信息技术革命引领着时代潮流，并以空前的、令人难以置信的方式决定和塑造着生产和社会变革的走向。伴随着信息技术的冲击，全球范围的经济、政治和文化相互间的依赖关系变得越来越紧密，影响越来越复杂和广泛，而这种全球性的依存关系反过来又在不断作用和改变着整个世界的政治、经济、文化格局，而且将引导着世界历史向着不可预料的方向发展和演进。新的时代带来社会生产的变革，也为生产研究提出许多新的课题。

回顾历史，在人类社会的历史进程中，社会生产力先后发生过四次飞跃，人类因而也经历了四次重大的技术革命。他们分别是以蒸汽机发明和应用为特征的第一次技术革命，以电气化为特征的第二次技术革命，以原子能和电子计算机技术为标志的第三次科技革命，以及以信息通信技术、纳米技术、人工合成材料、分子生物学和遗传工程、新能源等高新技术为主要特征的第四次技术革命。与以往的科技革命相比，新技术产生的周期越来越短，而波及的范围却越来越广。科技革命的急速推进，将现代生产力带入一个全新的历史时代，呈现出诸如生产要素多元化、生产材料新型化、能源结构多样化、产业结构高级化、生产组织柔性化、社会消费符号化以及生产范围全球化等许多新的发展特点。

随着电子和信息技术的普及和广泛应用，知识经济时代已然来到，生产的时空特点发生了巨大的变化。生产过程日益智能化、管理手段逐步现代化、社会生活普遍信息化，知识已日益成为生产要素中一个最重要的组成部分。社会生产方式的变革带来了社会文化、心理、行为乃至整个交往结构和消费方式的转变。人们的消费行为从一种经济行为逐渐转向一种文化行为，消费活动已经摆脱了对物的使用属性和功能的消费，进入了一种符号消费、意义消费。整个社会发展的决定性因素似乎已经从生产转变为消费，人们用"消费社会"来指称这个新的时代。与此同时，现代科技在给人们的工作和生活带来普遍高效与简单便捷的同时，也引发了一系列令人困扰的发展难题。诸如科技异化、生态恶化、金融危机、城市发展困境以及现代人的精神空虚等问题，正严重影响着人类的生存与发展。现代社会生产实践出现的新情况、衍生的新问题不断引发人们对现实进行反思，对背后的内在规律进行探究，变化的现实也对理论的发展提出了新的要求。

在信息化社会，生产劳动的含义是否有了新的变化？该如何看待知识经济时代的价值源泉？马克思的劳动价值理论还能成立吗？虚拟经济究竟有着怎样的内在生成逻辑？马克思生产理论在今天是否仍具有解释力？消费社会是否真的已由媒介生产取代并消解了物质生产？今天坚持马克思生产理论，是否意味着认同资本主义生产的工具理性？是否会强化重视工具理性的生产主义，进而加剧生态环境恶化和人的生存异化？等等。这些时代课题也就成为马克思生产理论研究深入发展不可回避的重大理论和现实问题。无视生动的社会生产实践，一味钻进故纸堆中，显然无法适应时代的要求；而只是被变化的生产现象盲目地牵着鼻子跑，却看不到其背后的内在逻辑，又容易陷入发展方向的茫然。没有理论上的创新，就很难应对时代对理论所提出的新挑战。而要创新和发展马克思主义生产理论，就需要根据新的实践需要，积极借鉴国内外新的理论和研究方法，重新解读马克思生产理论的经典文本，努力把握其思想方法和精神实质，在对话时代课题中展现理论的生命力和当代价值。

三、重思路径选择

事实上，关于马克思生产理论的争论从马克思主义诞生之日起就未曾间断过，只是不同时期争论的焦点和侧重的角度不尽相同罢了。早在20世纪20年代，就有"西方马克思主义者"批判"经济决定论"和"唯生产力论"，对所谓"传统的马克思哲学解释体系"进行批判和反思。20世纪30年代，围绕对当时新出版的马克思《1844年经济学哲学手稿》的研究，一些西方学者展开了人道主义思潮与科学主义思潮的论争。在这场争论中，马克思生产理论究竟是否外在于人的、铁的经济规律再度成为问题的焦点。20世纪60年代以来，后现代思潮则更多地将批判深入意识形态层面，认为马克思生产理论与资产阶级生产理性内在同谋，特别是在消费社会和知识经济时代，生产逻辑已不再具有解释和批判功能。从"经济决定论"之惑到"生产理性说"之问，再到"生产无用论"之疑，国内学者在引入国外相关讨论的同时，也开始对过去关于马克思生产理论片面、机械的理解进行深刻反思，并不断推动生产理论的创新。在经济学界自20世纪80年代起就展开了关于生产劳动与非生产劳动新的划分标准、马克思劳动价值理论的当代价值等问题的讨论。伴随对传统、僵化的哲学模式的反思，哲学界关于马克思生产理论的研究也取得了较大的进展，并取得了丰硕的成果：区分了不同层次的生产含义，突出了问题意识（如张一兵对生产做了广义和狭义历史唯物主义意义上的区分，俞吾金等将生产区分为单纯经济学意义和哲学意义上的生产等）；改变了过去在生产问题上单一、片面的研究方法，开始重视生产的全面性与总体性的研究视角（如俞吾金等关于马克思全面生产思想的研究）；从翻译、评介到比较研究，拓展了生产理论的研究视野（如胡大平、张盾等关于马克思生产理论与西方学者思想的比较研究）；重新解读和阐释马克思生产理论与历史唯物主义的关系等。①

事实上，学界在学习借鉴国外相关研究、反思传统研究方法、回应挑战的过程中，也在不断开启中国的马克思主义哲学新形态的建构之路，并作出了许多积极有益的探索。然而，在理论探索中，还存在着对一些重大理论问题的模糊认识以及在研究方法和价值旨向方面不同程度的偏差。如何在吸收借鉴国外研究成果与研究方法的同时，不对西方理论研究路径过度依赖？如何在反思传统研究模式的同时，避免矫枉过正，丢掉根基，迷失自己？如何在深化学术辨析的同时，又不丧失理论的实践性和革命性？这些问题都值得我们在探索理论创新路径时加以认真思考。

（一）强烈的问题意识

理论的创新需要研究者不断倾听时代的声音，时刻关注社会现实问题。对于哲学研究来说，问题意识更是哲学真正切入现实的重要一环。马克思主义所具有的实践特质决定了它拥有强烈的问题意识、独特的问题视角、反思的问题域和开放的问题解决途径。真正的实践的研究态度，不是单纯停留在逻辑关系的论证和体系的维护，而应该像马克思当年那样，直面生动的现实，聚焦重大理论和现实问题，进行逻辑思考、规律阐释和价值目标引领。通过解读马克思的早期著作包括马克思关于生产的有关论述，我们不难发现，马克思逐渐摆脱旧哲学束缚，并从僵化的理念哲学和体系哲学中突围出来的一条重要路径就是始终坚持以问题为中心。从"对物质利益问题发表意见"的难题到对思辨的国家哲学和法哲学的批判，从私有财产和异化劳动的探源和解密到政治经济学批判，再到对资本本性的揭示及其社会后果的深刻反思，马克思无不是保持深刻、敏锐的问题视角，不断对时代的重大问

---

① 参见覃志红：《马克思生产理论研究的反思与探索》，载《齐鲁学刊》，2010年第2期。

题进行追问。面对丰富的现实生活，没有问题敏感性是提不出有价值的理论问题的。真正进入马克思主义理论视野和哲学视野的问题并非具体问题的简单直观，而是对现实的理论概括和逻辑提升。从怀疑到批判再到反思，问题的发现与提出体现出马克思主义哲学特有的现实导向和理论问题生成机制。而理论的创新正是以发现问题为起点、以解决问题的尝试为前提并得以逐渐展开的，怎样提出问题和如何寻求问题的解决，体现了不同的哲学样态及其独具特色的理论旨趣，强烈的问题意识和明确的问题导向也就成为马克思主义哲学生命力的源泉。

（二）清醒的方法论自觉

深化理论研究，促进马克思生产理论面向现实的创新和发展，需要立稳马克思主义历史观和价值观的理论根基，同时又不失掉对思想路径的辨识和自省，也即要保持清醒的方法论自觉。"只有以我国实际为研究起点，提出具有主体性、原创性的理论观点，构建具有自身特质的学科体系、学术体系、话语体系，我国哲学社会科学才能形成自己的特色和优势。"[1]对基本立场、方法、路径问题有一个正确的理解和把握，同时摒弃教条，坚持哲学批判性的品格，这是学术创新的重要前提。任何形式的故步自封只能带来理论的僵化和失去活力，理论要保持开放性和创新性，拓展更加广阔的思想空间和发展空间，就需要研究者有清醒的方法论自觉作为保证。

以往由于理论体系的僵化和封闭，致使某些马克思主义哲学研究者在一定程度存在着仅仅停留在概念和书本层面的研究倾向。僵化的理论面对丰富的现实，表现出某种程度的迟钝和滞后，对于丰富多样的社会实践及其衍生的诸多深刻的社会问题，则缺乏应有的敏锐性和

---

[1] 《习近平在哲学社会科学工作座谈会上的讲话》，见《习近平谈治国理政》第2卷，外文出版社2017年版，第342页。

足够的鉴别力。如在传统的哲学解释框架里，由于对生产存在着简单、片面、机械的认识，乃至把物质资料生产的基础决定作用当作生产理论的唯一内容和唯一方法，结果既遮蔽了马克思生产理论的丰富内涵和辩证方法，也在一定程度上导致唯物史观被解释成了一种几乎与历史的真实主体——人无缘的、以"铁的必然性"呈现出来的、冷冰冰的经济决定论。僵化和排他的体系容易限制理论对问题的关注和研究，导致理论与现实生活的隔绝。因此，对于有关生产的一些具体范畴的把握，需要摒弃那种非此即彼、彼此割裂的形而上学的思维方式。

马克思主义的哲学特质决定了它不是教条，亦非书斋内的学问，它只有内化为实践者的立场、观点和方法才更具有现实性。如果只是为学术而学术，甚至丢弃了理论应有的实践性和批判性，也就使马克思主义哲学失去了学术生命力。真正的学术和理论自觉恰恰体现在对研究路径、方法、价值旨向和实践的自觉，即面对现实提出的一系列重大问题，能够有足够的理论自信和拨云见日的理论穿透力。"马克思主义哲学的学术性就体现在其鲜明的现实性和深刻的思想性；能够对重大问题做出深刻的理解与回答，正是其学术生命力之所在。"①

（三）整体性研究视野

长期以来，由于受现行的科研和学科体制影响，加之严格的学科划界和狭窄的专业意识，研究者往往囿于各自相对局限的研究领域，固守有限的专业知识，从各自的知识背景和学科视角来思考生产问题，很容易陷入对马克思生产理论进行分割式研究的误区。如在一些哲学专业研究者看来，生产理论研究就是生产相关概念的梳理与辨析、逻辑的形成与演变，而对现实经济活动中的生产问题却常常视而不见；

---

① 丰子义：《问题研究与路径选择》，载《哲学动态》，2013年第3期。

有些经济学专业的研究者则更多地关注作为经济活动的社会微观层面的生产和再生产问题，而马克思生产理论的根本立场和价值旨向却往往有意或无意地被忽略；而由于缺乏哲学的整体性视角和对历史观和价值观精神实质的准确把握，同时疏于从马克思主义经济学视角对社会微观层面的批判性分析，在一些人那里，科学社会主义研究成了无本之木和无源之水，理论变成了异常高冷和空洞的口号，难具说服力。不可否认，不同学科和专业在研究领域、研究视角和研究方法方面存在着差别，但人为地将作为一个意义整体的马克思主义理论，机械地区分为彼此独立的三个学科——哲学、政治经济学、科学社会主义，来分别加以研究，势必会导致马克思主义整体视域的丧失，同时也会遮蔽其理论魅力及现代精神价值。

除此之外，研究者出于片面的学科研究和观点支撑需要，孤立地从生产理论历史发展的某个片段中截取个别的文本和表述，而不是将历史文本放到整体的历史关联中加以研究的做法，也不利于对马克思生产理论内涵的整体性把握。这种碎片化的研究方法不仅有悖于马克思主义理论的真精神，也与当今科学发展的大分化与大整合、大交融趋势不符。马克思生产理论是一个意义整体，它本身是马克思经济学研究和哲学研究相互结合、相互促进、并与历史现实密切结合的理论产物，它同时还具有鲜明的价值旨向。只有从整体上系统、完整、准确地把握马克思生产理论，才能最大限度地发挥出其总体性的理论功能、逻辑魅力和实践价值。

（四）现实的研究导向

理论和实践各具特点，二者不可能完全一致，它们相互间的结合与转化，要依靠一系列中间环节。理论的滞后、方法的僵化、现实的变化乃至实践主体人的思维方式和行为方式等都可能造成理论与实践之间的距离和断层。生产理论和生产实践也并非一一对应的关系。但理论对于实践的作用，不仅仅是解释和说明，更重要的是将实践中的经验提升为哲学问题并给出变革的方法和实践的目标，这才是真正的当代价值所在。研究者如果远离丰富的现实实践就难以从中发掘理论的价值，理论的重要性也只能流于空谈。面对实践的发展变化，以及由此引发的思想困惑，回避、无语显然不是应有的理论态度。

以问题为引导，关注现实，则为桥接理论与实践间的断层开辟了有效的路径。而关注现实，并不是要割断历史，阻断未来。现实中浓缩了历史的积淀，同时也预示着未来发展的趋势，历史、现实、未来共同构成一个完整的时空链。理论要面向现实，一方面要重视理论本身内在逻辑与历史逻辑的关系，另一方面要关注理论发展与当代现实的关系。[①] 就马克思生产理论而言，就是一方面不能脱离生产理论的历史文本研究，对每一个文本产生的历史背景、文本和文本衔接转化的历史条件进行深入探究，通过对文本历史逻辑的梳理来把握理论自身的内在逻辑；另一方面，生产理论研究也不能脱离当代生产现实，鲜活的生产实践会不断提出新的问题，只有不断拓展和转变研究视野，才能实现对新问题的把握与解决，并不断推进理论的创新。

鉴于此，本研究将以历史的视角和整体性的研究视野，从概括马克思生产理论的精神实质、分析其阐释、批判与价值诉求功能的有机统一并揭示其独特的研究方法入手，着重就知识经济时代、消费社会以及当前社会发展中的一些有关生产的理论和现实热点问题进行深入思考和探析，尝试就马克思生产理论在现时代所面临的挑战作出有效的回应，在现实问题审视中厘清生产问题上的一些模糊认识，凸显马克思生产理论的当代价值。

---

① 参见丰子义：《深化马克思主义哲学史研究的方法论自觉》，载《中国社会科学》，2014年第11期。

上篇　生产的历史逻辑

　　以历史的眼光来看，现实的社会生产实践表面上呈现为一种物质性的经济运行活动过程，但恰恰是凭借这一具体的物质生产过程，人类不断拓展着其自由解放实现的空间。马克思借助对现实社会生产的解析，实现了对资本主义社会总体性的历史透视，据此建立起社会批判的逻辑基础，同时内蕴着人的自由全面发展的深层价值诉求。历史阐释、社会批判以及价值旨归恰恰因为有了生产实践这个坚实的现实基础才实现了有机的统一，马克思哲学也因而变得更为深刻、更有力度、更具魅力。本篇旨在从历史的维度探究马克思生产理论的形成发展历程，揭示其精神实质和独特的研究方法。特别是通过对马克思生产研究主题转换的历史性梳理和理论辨析，从理论的深层逻辑上探寻马克思生产理论日益深化的过程同唯物史观创立的内在关联。同时，也意在揭示生产如何在马克思哲学与政治经济学研究不断结合并深化的过程中呈现出社会历史的整体性视野并成为社会批判的一把利剑。而在这一过程中，对人的自由全面发展的价值追求如何贯穿始终并借助生产实践的中介作用展现出一条价值实现的现实之路，则体现了马克思生产理论历史逻辑的最终归宿。

第一章　生产研究主题转换与新历史观形成

　　强烈的问题意识与鲜明的问题研究导向，始终是马克思主义哲学重要而显著的特征，这也成为其发展创新不竭的动力源泉。马克思对于生产的研究绝非书斋内的臆想，也非简单的概念演绎和推导，而是源于对时代所提出的现实和理论难题进行的深入思考和探究。每个历史时期都有属于这个时代特有的谜一样的问题，马克思曾深刻地指出，找到这个历史之谜并不难，但"真正的批判要分析的不是答案，而是问题……问题是公开的、无畏的、左右一切个人的时代声音"。[①]1843年，为了解答"物质利益难题"，马克思陷入了思想和理论的困惑，促使他从事自己早期的政治经济学研究，生产问题也随之开始进入其理论研究的视野。对于生产，马克思虽以资本主义社会生产方式为主要研究对象，进行了大量细致的实证研究，但他并没有只是将其作为经验事实来加以叙述和分析，而是把资本主义生产方式纳入整个社会历史发展的过程，同时将其视作这一发展过程的结果来加以认识和把握。现实的社会历史，是马克思研究生产问题的重要背景和现实依据，也逐渐成为一种动态生成的分析方法。与此同时，马克思对生产问题研

---

① 《马克思恩格斯全集》第40卷，人民出版社1982年版，第289页。

究的逐渐深入也构成历史唯物主义新世界观创立的重要一环，尤其为探寻历史源头、揭示历史发展动力和解剖历史现象等提供了基本的原则和方法。

一、追问"物质利益难题"

马克思在大学初期学习的是法律，转入柏林大学之后，法律虽然是其本专业，但马克思的兴趣点和注意力却在哲学。正如马克思自己所回顾的，大学时的他在思想上起初是倾向于康德和费希特的，后来他逐渐转变为黑格尔的追随者。马克思这时深受青年黑格尔学派的影响，他借助宗教批判推开了通向现实的大门，鲍威尔的自我意识哲学给了马克思很大的启发和影响，使得他在宗教批判的过程中更倾向于自我意识。在其博士论文里，马克思超越旧哲学的机械性和形而上学的思想和理论就已经初露端倪。他运用主体的辩证法批判了德谟克利特所坚持的机械的原子运动学说——即原子在虚空中做直线运动，更加重视原子运动中的偏离、碰撞，强调运动中的相互关系和偶然性等因素，特别突出自我意识和自由意志。从康德、费希特哲学在"应有"和"现有"的矛盾张力中凸显主体能动性，到青年黑格尔派高扬的自我意识，马克思哲学研究的起点是唯心主义的资产阶级民主主义理性观念论。[①]其批判方式带有明显的青年黑格尔派共通的自由主义和激进民主主义色彩。

这一时期，马克思虽然为自由意识高歌，但他又不满于黑格尔只在理念范围打转，因而缺少直击现实的力量。因此，马克思没有停留于纯粹的自我意识，他反对把自由的实现单纯地看作是个人内在思想

---

① 参见张一兵:《青年马克思经济学研究中的哲学转变》，载《哲学研究》，1997年第11期。

活动和精神认识运动，提出自我意识与外在世界的统一性，并努力在自我意识与世俗世界之间寻找现实的中介。他还为自我意识赋予哲学的功能，进而提出在政治上通过"世界的哲学化和哲学的世界化"消除封建专制主义和宗教神学对人的精神自由的束缚与扼杀。马克思主张建立面向世界的哲学，并使之成为真正的思想武器，来发挥其改造现实的功能。他给自己提出了研究现实的任务："必须从对象的发展上细心研究对象本身，决不应任意分割它们，事物本身的理性在这里应当作为一种自身矛盾的东西展开，并在自身求得自己的统一。"① 在给父亲的一封信中，马克思谈到了自己思想的转变，从最初对理性观念论着迷到转而关注现实问题的研究。"帐幕降下来了，我最神圣的东西已经毁了……我从理想主义——转向现实本身去寻求思想。如果说神先前是超脱尘世的，那么现在他们已经成为尘世的中心。"②

　　而直到当马克思实际从事《莱茵报》的工作，真正开始面对大量具体而真实的社会问题时，理念、理想与现实的断裂和巨大反差，给马克思带来了思想和理论上的困惑。他开始发现，在德国，更现实的问题已经不是宗教问题而是自由问题。由书报检查制度引发的新闻出版自由、由"林木盗窃法"引发的个人自由和经济自由，以及广泛涉及的政治自由及多数人的自由和少数人的自由等，此时自由问题充斥着上层建筑的各个领域。通过对普鲁士书报检查制度以及第六届莱茵省议会关于林木盗窃和地产分析辩论的评论、批判和质疑，马克思开始发现，等级国家不过是满足大私有者攫取社会财富的目的、实现支配控制人民的重要工具，议会立法也只是出于更好地保护土地林木所有者的私利，面对"要对物质利益发表意见的难事"，理念哲学的词句因

---

① 《马克思恩格斯全集》第40卷，人民出版社1982年版，第11页。
② 《马克思恩格斯全集》第40卷，人民出版社1982年版，第14—15页。

其抽象空洞难以深入现实而表现得十分软弱无力。现实的国家只是成为压制自由的手段，并非像黑格尔的国家学说所标榜的那样集中体现了自由精神。于是，马克思对其曾经非常推崇和坚信的黑格尔的理性主义国家观开始产生怀疑，甚而开始质疑德意志国家制度。如何解释和扬弃由国家理念与现实的反差带来的政治异化成为困扰马克思的理论难题。他开始认识到必须实际地研究和反思整个社会的历史和现实，经过克罗茨纳赫时期的世界历史—政治的学习和研究，"本来，马克思试图着力弄清楚政治在历史中的作用，而他却无意识地不断体认到，实际上围绕财产的所有制才是社会历史结构的真正基础"[①]，财产所有制不过是阶级利益实现的形式和保障。于是，马克思从批判黑格尔法哲学着手开始跳出理念哲学，并对其展开深入批判，重新分析市民社会与国家的关系。

随着人类发展至近代，个体与群体、个人同社会整体之间的关系开始日益成为认识社会的基础和核心。人们的物质经济生活与大众的政治生活在社会实践中开始日渐分离，与此相应，市民社会和政治国家的世俗分裂也就构成了近代社会的一个重要特征，而这种世俗分离也恰恰在理论上构成黑格尔法哲学的立论基础和依据。在《法哲学原理》中，黑格尔立足德国封建城邦林立的状态，从其历史哲学思想认识出发认为，"家庭—市民社会—国家"是社会伦理观念现实化所要经历的三个历史阶段，其中家庭是伦理的直接存在，市民社会则体现了伦理的主观性和外在规定性，而国家才是自由理性或伦理的最终实现。不同于自由主义政治哲学强调个人权利先于国家社会，黑格尔则认为个人强调独立和分散，很难形成一致的公意，而普遍性和共同性本质

---

① 张一兵：《回到马克思——经济学语境中的哲学话语》，江苏人民出版社2014年版（第三版），第156页。

全部集中在政治国家当中，只有国家才能摆脱市民社会的局限，真正解决近代社会出现的个体与社会共同体相互分离的问题，使人重新获得普遍的自由。因此要想实现伦理意义上的自由就必须将市民社会扬弃到国家。他将国家置于市民社会之上，强调国家理性的至上性，把国家看作对市民社会的批判，是家庭和市民社会的基础，主张用国家与法来调节市民社会。

马克思发现，现实中的普鲁士王国与法哲学所描绘的国家理念存在着巨大的反差，现实的国家往往因其与极端利己主义的私人利益相互纠缠而同理想的国家本质相抵触。马克思贯彻了从费尔巴哈那里继承下来的唯物主义思路，看出了黑格尔在市民社会与国家思维上的逻辑颠倒性，他不赞成将家庭、市民社会看成是抽象的国家概念的产物，相反，他明确提出，市民社会才是真实的活动，才是国家形成的基础和前提。在马克思看来，他们是"国家的现实的构成部分，是意志的现实的精神存在，它们是国家的存在方式。家庭和市民社会使自身成为国家。它们是动力……政治国家没有家庭的自然基础和市民社会的人为基础就不可能存在。它们对国家来说是必要条件……作为出发点的事实没有被理解为事实本身，而是被理解为神秘的结果"[1]。从立法的视角来看，国家不可能是一种独立的主体，因此也不存在一种作为国家整体的立法权。立法权源自市民社会中不同等级、阶级的利益诉求。市民社会中有多少不同的等级、同业公会或阶级，就有多少种不同的立法权。家庭和市民社会本身把自己融入国家，"它们才是真正活动着的；而在思辨的思维中这一切却是颠倒的"[2]。马克思从历史发生学的逻辑视角将黑格尔颠倒的逻辑进行了唯物主义的反转，开始从根本上告

---

① 《马克思恩格斯全集》第3卷，人民出版社2002年版，第11—12页。

② 《马克思恩格斯全集》第3卷，人民出版社2002年版，第10页。

别理念哲学。恩格斯在《卡尔·马克思》一文中对这一理论探索过程曾做了很好的总结评论："马克思从黑格尔的法哲学出发，得出这样一种见解：要获得理解人类历史发展的锁钥，不应当到黑格尔描绘成'大厦之顶'的国家中去寻找，而应当到黑格尔所蔑视的'市民社会'中去寻找。"①这就为日后的生产研究奠定了唯物主义的理论基调，也寻找到了开启历史之门的钥匙。

然而，客观地讲，写作《黑格尔法哲学批判》时的马克思，其理想化的自由精神和激进民主主义价值诉求大大超过实际的知识，其理论的历史阐释和社会批判功能还远远跟不上其善良的"前进"愿望。相比之下，此时他的批判对象——黑格尔《法哲学原理》，则内容丰富、包罗万象，既包括法学，也包括经济学，还涉及政治学及伦理学；而且他从特殊性与普遍性对立统一的角度来思考和把握问题，蕴含丰富、深刻的历史辩证法，且运用得较为娴熟；同时还具有广阔的世界历史视野及其政治经济学思想价值。马克思此时的批判虽已触及黑格尔法哲学的神秘性、体系二重化、逻辑颠倒和保守性等本质性的问题，但却因缺乏更为深广的世界历史视野和政治经济学理论的有力支撑而略显单薄，其批判的问题域和逻辑框架仍未完全走出黑格尔的理论视域。

随后，马克思又在同时期发表于《德法年鉴》上的《论犹太人问题》一文中，从政治解放与人类解放的相互关系来论述犹太人的解放问题，把解决宗教狭隘性的问题从宗教神学批判拉回到其世俗的基础，并通过消灭世俗桎梏加以克服。他突出强调了个人经验性的实际生活、个体的生产活动及其相互关系等社会存在的客观现实性，并进一步深刻指出，"人在其最直接的现实中，在市民社会中，是尘世存在物"②。

---

① 《马克思恩格斯全集》第16卷，人民出版社1965年版，第409页。

② 《马克思恩格斯全集》第3卷，人民出版社2002年版，第173页。

此时，他开始关注"自由这一人权的实际应用"——私有财产①，将实际需要和利己主义看作犹太人所代表的市民社会的原则，以此为基础，马克思初步分析了普遍存在于市民社会中的货币拜物教的思想意识及其对整个社会的统治，开始把金钱（货币）看作"人的劳动和人的存在的同人相异化的本质"②。马克思将市民社会与私人经济利益相关联，将自由与私有财产相关涉，就使得他在随后不久能够从国民经济学的视角进一步解析市民社会，并以人的自由有意识的类本质为导引，进一步剖析作为社会世俗基础的市民社会的秘密，并深入探寻劳动异化的实质及其形成的原因和深层根源。

二、解析市民社会与异化劳动

1843年马克思移居巴黎，此后他开始着手其最初的经济学研究。古典政治经济学对劳动、交往、分工、工资、地租、资本积累等内容有着较为丰富的论述，马克思对这些思想观点做了大量摘录笔记和思考分析。经过研究，马克思发现，古典政治经济学尽管是从资本主义社会的一个重要事实——私有财产出发的，但却认为此事实无须加以说明。他们甚至无视工人生产得越多越贫穷这一经济现实。尽管他们就劳动创造财富的重要价值给予了充分的肯定，甚至将"劳动是生产的真正灵魂"作为理论的出发点，"但是它没有给劳动提供任何东西，而是给私有财产提供了一切"。③站在这样一个私有财产的立场上，国民经济学家更多的是关注财富的增长以及资本的增值。在他们眼中，劳

---

① 《马克思恩格斯全集》第3卷，人民出版社2002年版，第183页。
② 《马克思恩格斯全集》第3卷，人民出版社2002年版，第194页。
③ 《马克思恩格斯全集》第3卷，人民出版社2002年版，第277页。

动仅是谋生的活动、能动的财产，以及增加产品价值的独一无二的东西。同样在他们看来，作为劳动主体的工人，只是劳动着的动物，仅仅被看作有必要自然生存需要的劳动工具或牲畜。他们认为私有制是永恒不变的，然而对工人的实际生活状态却仿佛视而不见，漠不关心。马克思对古典政治经济学这种重物不重人的立场和观点十分不满。在他看来，人的类本质是自由自觉的劳动，然而在资本主义生产方式下，本质性的劳动却呈现为异化的外在形式，工人们生产的财富量竟与他们的贫穷程度呈正比的趋势——生产得越多越贫穷。马克思恰恰以资本主义社会生产劳动这一令人难以置信却又千真万确的经济事实作为自己研究的出发点，开始尝试探究其产生的根源，他着重对异化劳动展开了解析。异化劳动理论对马克思新哲学世界观的形成具有重大意义，其中蕴涵着有关生产的真知灼见。马克思这时思考的主题就是本来体现人的本质特征的生产劳动究竟何以发生异化，又该如何通过异化的扬弃实现人真实本质的复归。

与资产阶级经济学家站在私有财产而不是劳动的立场来表达资本主义经济规律不同，马克思并没有把私有财产仅仅理解为物，而是看到其背后的劳动属性，并将此作为其理论的出发点。他认为，由于财产是生产劳动创造的，所以其活的、主体的本质不是别的，正是生产劳动。马克思强调，"只有把劳动理解为私有财产的本质，才能同时弄清楚国民经济学的运动本身的真正规定性"。[①] 他从人的类本质、从人与动物的区别来阐述生产的特点。

马克思从生产的种类、支配因素、结果、依据的尺度等方面对人和动物的生产进行比较。从生产的类别看，动物的生产是片面的，而人的生产是全面的。从生产的支配性因素来看，动物的生产主要受肉

---

① 《马克思恩格斯全集》第3卷，人民出版社2002年版，第352页。

体需要的直接支配，而人则可以不受肉体需要支配生产，马克思认为恰恰正是在不受自然生理需要支配的情况下所进行的生产才是人的真正的生产。从生产的结果来看，动物仅生产其自身，而人则可以再生产整个自然界；动物的产品直接属于它的肉体，人则可以自由地面对自己的产品。从生产所依据的尺度来看，动物的生产源于自身生物的种的尺度和需要，而有智慧的人类则会按照任何一个种的尺度来进行生产，并按照自身的意识和想法用内在的尺度来改造对象，甚至是按照美的规律去进行生产。因此，生产不是为了实现物的交换，而是展现人的自由个性，是通过且为了人对人本质的占有，人们彼此生产着自己和对方作为丰富性、全面性的人的存在。从这个意义上说，"劳动这种生命活动、这种生产活动本身对人来说不过是满足一种需要即维持肉体生存的需要的一种手段，而生产生活就是类生活。这是产生生命的生活。一个种的整体特性、种的类特性就在于生命活动的性质，而自由的有意识的活动恰恰就是人的类特性"[1]。

马克思将理论的视角从人之外的私有财产转向直接关乎人本身的劳动，这样就把问题的探讨从"物质利益"转向了"生产劳动过程"。"我们把私有财产的起源问题变为外化劳动对人类发展进程的关系问题，就已经为解决这一任务得到了许多东西……问题的这种新的提法本身就已包含问题的解决。"[2] 相比较《德法年鉴》时期把国家归结为市民社会，在《1844年经济学哲学手稿》中，马克思又进一步找到市民社会的基础，即物质财产的生产。他还深入生产内部环节来探索整个社会生产过程及内在联系，并认为，生产决定社会的一切方面，决定国家的各种意识形态。"这种物质的、直接感性的私有财产，是异化

---

① 《马克思恩格斯全集》第3卷，人民出版社2002年版，第273页。

② 《马克思恩格斯全集》第3卷，人民出版社2002年版，第279页。

了的人的生命的物质的、感性的表现。私有财产的运动——生产和消费——是迄今为止全部生产的运动的感性展现，就是说，是人的实现或人的现实。宗教、家庭、国家、法、道德、科学、艺术等，都不过是生产的一些特殊方式，并且受生产普遍规律的支配。"①

而对于实际的生产活动，马克思认识到"劳动的现实化就是劳动的对象化"②，但是在资产阶级生产条件下，劳动发生了异化，致使工人的非现实化同劳动对象的丧失，以及被客体奴役的现象同时并存。马克思重点分析了资本主义社会生产劳动异化的四种情形：生产劳动的直接结果——产品的异化、生产劳动过程本身的异化、人的类本质的异化以及生产主体人相互间关系的异化。此时，马克思从费尔巴哈人本主义立场出发，用真正的人的类本质与现实的人的社会生产性存在相对立，并将共产主义理解为对私有财产积极的扬弃和向社会的即合乎人性的人的复归。这种扬弃和复归生成于以往生产力发展的基础上和其所创造的全部社会财富范围内。这样，马克思就将价值和理想的实现同现实的、经验层面的私有财产的扬弃结合了起来，也将理想社会——共产主义的实现同历史之谜的解答联系起来。"这种共产主义，作为完成了的自然主义＝人道主义，而作为完成了的人道主义＝自然主义，它是人和自然之间、人和人之间矛盾的真正解决，是存在和本质、对象化和自我确证、自由和必然、个体和类之间的斗争的真正解决。它是历史之谜的解答，而且知道自己就是这种解答。"③尽管马克思这里还是用作为人的本质力量之表现的理想劳动来和现实生产的异化劳动相对立，仍具有人本主义倾向和局限，对共产主义的理解也仍出

---

① 《马克思恩格斯全集》第3卷，人民出版社2002年版，第298页。

② 《马克思恩格斯全集》第3卷，人民出版社2002年版，第268页。

③ 《马克思恩格斯全集》第3卷，人民出版社2002年版，第297页。

于费尔巴哈人本主义的术语，但在这里，马克思却能够将价值诉求落实到现实的历史活动与历史阐释中，对唯物史观的创立具有积极的意义。"整个革命运动必然在私有财产的运动中，即在经济的运动中，为自己既找到经验的基础，也找到理论的基础。"①

　　而要通过对异化劳动的分析找到解答历史之谜的钥匙，对资产阶级生产展开历史性批判，为共产主义扬弃私有财产寻找到现实之路，就绕不开哲学方法与内在逻辑的澄清。通过对黑格尔的辩证法和整个哲学的批判，马克思努力将辩证法批判性的革命因素与其抽象的形而上学的外在形式相剥离，并尝试将其从中解放出来，恢复其革命性力量和价值。马克思把《现象学》称为黑格尔哲学的真正诞生地和秘密，由此着手进行分析，他发现了黑格尔在"外化"问题上具有的双重错误。一方面，黑格尔把财富、国家权力看作人本质即精神的异化，但实质上，这种本质是指纯粹抽象的理念和精神，与活的人基本无关。作为世界历史尺度的不是感性的人本身，而是绝对知识和思想本质。"不过是抽象的、绝对的思维的生产史，即逻辑的思辨的思维的生产史"。② 在这里，应该被扬弃的异化的本质似乎与现实的历史过程无关，真正的对立只是人的本质同绝对知识和抽象思维的对立。在黑格尔看来，这种对立的对象化，才是异化应被扬弃的本质。另一方面，既然异化的本质与外界真实的运动无关，异化的扬弃也无须向外部寻求。因此，按照黑格尔的观点，异化的扬弃不是把对象世界还给人，所谓人的本质力量的复归和真正占有，只是抽象思辨的精神的运动实质，也就是说，人的真正本质即精神。"自然界的人性和历史所创造的自然界——人的产品——人性，就表现在它们是抽象精神的产品，因

---

① 《马克思恩格斯全集》第3卷，人民出版社2002年版，第298页。
② 《马克思恩格斯全集》第3卷，人民出版社2002年版，第318页。

此，在这个限度内，它们是精神的环节即思想本质。"① 因此，这种异化的扬弃只是单纯体现在抽象思维中，全然不涉及现实的对象本身，更不可能真正克服异化的对象。它只是绝对知识在其自身之内所做的抽象思维的运动。因而，消除人本质的异化也就无须到现实的历史过程中去找寻办法。马克思深刻地指出，黑格尔《现象学》其实藏着未被发现的批判性，尽管这种批判性被神秘化了。在坚持人的异化方面，"尽管人只是以精神的形式出现——所以它潜在地包含着批判的一切要素，而且这些要素往往以远远超过黑格尔观点的方式准备好和加工过了。"② 尽管它具有完全否定的、批判的外表，"黑格尔晚期著作的那种非批判的实证主义和同样非批判的唯心主义——现有经验在哲学上分解和恢复——已经以一种潜在的方式，作为萌芽、潜能和秘密存在着了"③。黑格尔异化、外化理论所蕴含的辩证法的批判性要素，被其抽象的思辨所窒息，凝固成为纯思想的辩证法，也就失去了现实的批判力。

在黑格尔这里，扬弃是一种中介性活动，而绝对观念才是扬弃的主体。尽管如此，黑格尔却借绝对观念这个主体的活动揭示出运动的本质，同时，将此运动过程中依次出现的绝对观念的各个表现形式看成了整个过程的各个相互连贯的环节。马克思称赞黑格尔辩证法的"伟大之处首先在于，黑格尔把人的自我产生看作一个过程，把对象化看作非对象化，看作外化和这种外化的扬弃；可见，他抓住了劳动的本质，把对象性的人、现实的因而是真正的人理解为他自己的劳动的结果"④。人们将黑格尔看作现代资本主义重要而杰出的哲学家和意识形态大师，尤其是他的辩证法受到普遍地关注。不能不说，黑格尔的辩

① 《马克思恩格斯全集》第3卷，人民出版社2002年版，第318页。
② 《马克思恩格斯全集》第3卷，人民出版社2002年版，第319页。
③ 《马克思恩格斯全集》第3卷，人民出版社2002年版，第318页。
④ 《马克思恩格斯全集》第3卷，人民出版社2002年版，第320页。

证法其实与古典政治经济学的发展密切相关。马克思此时刚开始研究古典政治经济学，更多地是关注黑格尔和古典政治经济学共同的立场，对于他们内在的逻辑关系还没有深入探究。马克思不满于国民经济学家对劳动所持有的非人化的理解。而此时对古典经济学家有关劳动的一些观点还坚持批判的态度，对其中蕴含的劳动价值理论的宝贵思想，还没有充分认识到其重要意义和价值，并未以为然。因此，马克思不赞成黑格尔仅仅停留在自我意识的哲学里来实现外化和异化的扬弃，他批判黑格尔同资产阶级经济学家相同的立场，只是关注劳动积极方面，忽视其消极方面，也即无视现实的劳动异化。马克思指出："劳动是人在外化范围之内的或者作为外化的人的自为的生成。黑格尔唯一知道并承认的劳动是抽象的精神的劳动。"[1]可见，黑格尔紧紧抓住了劳动的本质，但却把人与自然界相联系的一切现实的规定性都剔除了出去。马克思受费尔巴哈影响，则更加强调自然和历史的统一，他同样不满于黑格尔的唯心主义历史观，也不满于其旧唯物主义抽象性的感性论。然而马克思却对费尔巴哈的自然主义给予了高度评价，"彻底的自然主义或人道主义，既不同于唯心主义，也不同于唯物主义，同时又是把这二者结合起来的真理。我们同时也看到，只有自然主义能够理解世界历史的行动"[2]。

马克思此时虽已觉察到，在国民经济学的视野里，劳动虽然只是以谋生的形式出现，但已经开始触及问题。但由于马克思此时对经济学研究还不够深入，还不能通过追溯资本主义生产方式这一独特的历史形式来打开对生产劳动的深层解析。马克思对于生产的研究虽涉及分工和交换等环节，但仍是在人本主义价值悬设的异化观整体框架中

---

① 《马克思恩格斯全集》第3卷，人民出版社2002年版，第320页。

② 《马克思恩格斯全集》第3卷，人民出版社2002年版，第324页。

来审视的，由于不满于古典政治经济学对这些现象的解释，马克思甚而将其当作非社会的特殊利益而未给予充分重视[1]，也还没能探究出它们同生产的真实内在联系。但是，"马克思在《手稿》（引者注：此处指《1844年经济学哲学手稿》）结尾部分注意到了'分工'，这是一个了不起的发现，因为马克思此时已经隐约意识到从分工出发就能找到异化劳动的原因所在"[2]，这也为今后的生产探究从抽象转向现实具体引出新的研究主题。

三、认识工业与物质生产实践

在《1844年经济学哲学手稿》中马克思已经开始把物质生产从市民社会中分离出来，但更多地还是从人的"自由的有意识的活动"的类本质的异化出发来谈论生产，因而生产更多地还停留在抽象的概念。而到了《神圣家族》，马克思借助对以鲍威尔为首的青年黑格尔派思辨自我意识哲学的批判，对于人的本质，已经开始出离那种抽象的特质，不再局限于纯思辨的或抽象的理解视角。现实的生产主体人与周围的自然、社会有着复杂又密切的联系，马克思批判了思辨唯心主义离开人与自然、工业、自然科学、物质生产等历史和现实存在的相互关系，抽象地谈论人的观点，转而从直接的物质生产方式——工业和物质生产实践，以及现实的物质利益的维度来阐释"关于现实的人及其历史发展的科学"，为唯物史观的创立奠定了重要的理论基础。

在鲍威尔等人那里，现实的从事生产的个体的人被"自我意识"和"精神"所代替，于是，现实的个人的发展规律也就被思辨精神的

---

[1] 《马克思恩格斯全集》第3卷，人民出版社2002年版，第358页。

[2] 王虎学：《马克思分工思想研究》，中央编译出版社2012年版，第91页。

逻辑所取代。马克思这时运用费尔巴哈人本主义哲学来对此进行批判。马克思重点批判了其用思辨的精神逻辑代替现实的个人发展，进而制造自我意识同"实体"的对立、思想原则和物质利益的对立，甚而是历史与群众的对立的错误论调。马克思首先在哲学观上开始尝试与一切轻视甚至忽视现实的人的旧的思辨哲学划清界限。马克思不满于他们在任何谈及人的场合，只是用抽象的理念或精神等来取代现实的、具体的、从事着粗陋的生产实践的活生生的人。马克思此时对人的理解已不再是简单地拿那个所谓的普遍的、理想的、永恒不变的人的本质来框定现实的人，不再努力让现实的人同某种一般的人性相符合。而是开始联系工业和经济状况去对不同历史时代的具体的人加以认识和了解。他开始着重批判思辨唯心主义脱离主体人生产和生活于其中的社会关系抽象地谈论人的观点，这对于生产研究是一个非常重要的转折。

同时，马克思虽然赞赏旧唯物主义的巨大贡献，但对其不彻底性以及以后发展中日益敌视人的片面性做了批判。他强调说："决不可以把思维同那思维着的物质分开。物质是一切变化的主体。"[1] 马克思意识到唯物主义学说与共产主义和社会主义之间存在着某种必然的联系，他还注意到唯物主义学说对于人性、教育、外部环境等因素对人的影响作用所给予的关注。虽然此时他还未能对此做出深入评论，但却借阐述这一唯物主义观点的机会提出了"既然人的性格是由环境造成的，那必须使环境成为合乎人性的环境"[2] 的观点。这就蕴含了对唯物主义具有改变现实要求的理解。借助人对物质生活资料天然的依赖关系，马克思推导出，人们在现实的物质生产过程中必然会发生相互间的关系。既然社会物质财富是人的生存所必需的，是人的社会存在，那么

---

① 《马克思恩格斯全集》第2卷，人民出版社1957年版，第164页。
② 《马克思恩格斯全集》第2卷，人民出版社1957年版，第167页。

社会的每个成员就以他特有的劳动活动和劳动产品构成其余人类生活的一个环节，从而构成他和其他社会成员之间的真正的人的关系。这种以各自不同的劳动活动和劳动产品相互补充、彼此联合的关系，就是人们之间的社会关系。"实物是为人的存在，是人的实物存在，同时也就是人为他人的定在，是他对他人的人的关系，是人对人的社会关系。"① 这些观点都透出新唯物主义的思想之光。这样就把生产的主体人定位为与实物及他人存在着密切联系的具体的真实存在。可是，私有制和私有制下的劳动却把这种关系扭曲了，它们是真正的人的社会关系的异化表现。因为人们在私有制度下，不是通过自己的劳动活动和产品互相补充，彼此联合，而是互相对立，互相分离。马克思指出视私有制为永恒合理的政治经济学不断与自己的前提——私有制发生矛盾。"例如在政治经济学中，工资最初看来是同消耗在产品上的劳动相称的份额。工资和资本的利润彼此处在最友好的、互惠的、好像是最合乎人性的关系中。后来却发现，这二者是处在最敌对的、相反的关系中的。"② 尽管马克思在此的表述还带有费尔巴哈人本主义的痕迹，但对于私有制商品生产中被物的外壳掩盖着的人与人之间的生产关系的发现则接近于发现生产关系这个概念。而在生产关系中研究生产则是马克思生产理论一个区别于古典政治经济学的重要特点。

马克思继而深入细致地揭示了思辨结构的特点和秘密。他通过分析现实的苹果、梨、草莓、扁桃等一个个果实同"果实"这个普遍的观念相互间的内在关系，进一步明确和深化了对事物本质的辩证的和唯物的理解。在对思辨哲学进行批判的过程中，马克思明确阐释了这样的观点，即只有特点各异、实实在在的现存事物才是真实的存在，

---

① 《马克思恩格斯全集》第2卷，人民出版社1957年版，第52页。
② 《马克思恩格斯全集》第2卷，人民出版社1957年版，第39页。

也才是事物本质规定性的存在，果实如此，人亦如此。只有去认识这些真实的存在而不是仅仅停留在概念的分析上，才能得到关于研究对象内容特别丰富的规定。马克思这一重要认识，既使他开始走出抽象的人本主义逻辑，也为日后的生产研究奠定了实践哲学的基调，也就是要把具体的、有丰富规定性的真实的资本主义社会生产方式作为研究对象。

马克思恩格斯斥责以鲍威尔为代表的"批判哲学"无视"历史的真实的发展"，将历史与群众生硬剥离的"胡言乱语"，对思辨唯心主义离开人的物质利益，抽象地空谈思辨的力量，甚至夸大所谓"思想""观念"在历史发展中的作用的历史唯心主义观点进行了批判。他们在深入历史考察的基础上指出，"在群众的历史中，工厂出现以前是没有任何工厂城市的……在真实的历史中，棉纺机业的发展主要是从哈格里沃斯的珍妮纺纱机和阿克莱的纺纱机（水力纺纱机）运用到生产上以后才开始的，而克伦普顿的骡机只不过是运用了阿克莱发明的新原理来改进珍妮纺纱机而成的……但是批判的批判却把那些被历史的粗笨的手撮合在一起的原则互相分割开来"①，完全无视历史真实的发展现实。此时，马克思已经开始关注生产工具在不同历史时期的表现和作用，并且认为生产发展的水平与不同历史时期的生产工具发展状况是密不可分的。

马克思这时已经能够透过思想意识去分析其背后的利益动机。他尖锐地指出："'思想'一旦离开'利益'，就一定会使自己出丑。"②在分析1789年资产阶级革命时，马克思指出其不成功的原因在于其真正的主导原则只是少数资产阶级的利益，而并未反应广大群众的实际利益。马克思进而明确了历史与人民群众的关系，"历史活动是群众的事

---

① 《马克思恩格斯全集》第2卷，人民出版社1957年版，第13—14页。
② 《马克思恩格斯全集》第2卷，人民出版社1957年版，第103页。

业，随着历史活动的深入，必将是群众队伍的扩大"①。而且，马克思还明确了有着个人利益诉求的现实的人的活动同历史究竟哪一个才是主体的问题，进一步摒弃了抽象的历史观。"'历史'并不是把人当作达到自己目的的工具来利用的某种特殊的人格。历史不过是追求着自己目的的人的活动而已。"②

马克思对鲍威尔等人贬低和忽视人民群众作用的观点进行了深刻的批判。在对这种主观唯心主义进行批判时，马克思反问道，"难道批判的批判以为，只要它从历史运动中排除掉人对自然界的理论关系和实践关系，排除掉自然科学和工业，它就能达到对历史现实的认识吗？难道批判的批判以为，它不去认识（比如说）某一历史时期的工业和生活本身的直接的生产方式，它就能真正地认识这个历史时期吗？"③马克思指出，历史的发源地和基础是在人间的粗糙的物质生产中，而不在天上的云雾之中。因此，不了解生产，便不能了解人类社会的历史。

随着政治经济学研究的逐渐深入，马克思开始接受和肯定古典政治经济学的劳动价值论，他对蒲鲁东以政治经济学的观点对政治经济学所进行的批判给予了保留性地肯定，"蒲鲁东既把劳动时间，即人类活动本身的直接定在，当做工资和规定产品价值的量度，因而就使人成了决定性的因素；而在旧政治经济学中决定性的因素则是资本和地产的物质力量，这就是说，蒲鲁东恢复了人的权利，虽然还是以政治经济学的、因而也是矛盾的形式来恢复的"④。于是，关于生产研究的问题就从人的自由劳动本质层面具体到生产费用和价值的现实层面，马

---

① 《马克思恩格斯全集》第2卷，人民出版社1957年版，第104页。

② 《马克思恩格斯全集》第2卷，人民出版社1957年版，第118—119页。

③ 《马克思恩格斯全集》第2卷，人民出版社1957年版，第191页。

④ 《马克思恩格斯全集》第2卷，人民出版社1957年版，第61页。

克思进而指出："在直接的物质生产领域中，某物品是否应当由生产的问题即物品的价值问题来解决，本质上取决于生产该物品所需要的劳动时间。""甚至精神生产的领域也是如此。"[①]

这样，在生产研究主题方面，马克思开始接近生产的真实主体——现实的人，关注他们的物质利益，把物质生产看作历史的发源地，并逐渐向生产关系和生产力概念接近。

四、区分生产力与工业制度

李斯特作为德国近代经济学历史学派的主要代表人物之一，从后起的、不发达民族国家资产阶级的立场出发，用"国家经济学"来反对古典经济学的所谓的"世界主义经济学"，以维护本国私有者的利益。[②]他反对当时流行的经济学派把物质财富或交换价值作为研究的唯一对象的做法，强调指出财富是生产力所生产的，而政治经济学应当特别重视对生产力的研究，而且主张结合国家与社会制度、人的精神品格等因素，在物质财富与政治环境的交互影响中研究生产力。在《政治经济学的国民体系》一书中，李斯特不仅逐一讨论和剖析了各种形式的生产力，（如个人的、社会的和政治的生产力等），而且他还从国家以国家整体角度来谈生产力，并从国家整合的角度对工业进行热情讴歌，把它视为推动人类全面进步的物质力量。

《评弗里德里希·李斯特的著作〈政治经济学的国民体系〉》（后文简称《评李斯特》）是马克思最早直接把生产力作为中心问题讨论的文

---

① 《马克思恩格斯全集》第2卷，人民出版社1957年版，第62页。

② [德] 弗里德里希·李斯特：《政治经济学的国民体系》，陈万煦译，商务印书馆1961年版，第109页。

本。尽管此时马克思在理论表达上还未能完全跳出旧概念的束缚，在思想逻辑上也还存在着许多难以克服的矛盾，但马克思在坚持无产阶级的批判性立场的前提下，揭露了李斯特关于文明和生产力观点的抽象性和非历史性，指出这种生产力的空谈实际上不过是对德国新兴的资产阶级狭隘利己主义阶级本质的粉饰。马克思还深刻地将工业生产力与其借以存在和发展的外在社会条件——工业制度（资本主义生产关系）剥离和区分开来，并试图深入资本主义社会劳动组织（生产方式）的内部，寻找解开历史客观发展之谜的钥匙。

马克思在《评李斯特》一文中贯彻了自己到政治经济学中解剖市民社会的研究路径，对政治经济学的看法也发生了重大转变，开始把斯密以来的资产阶级政治经济学看作一门科学，并在对其进行继承和改造的基础上建立起真正科学的社会理论。他指出："如果说亚当·斯密是国民经济学的理论出发点，那么它的实际出发点，它的实际学派就是'市民社会'，而对这个社会的各个不同发展阶段可以在经济学中准确地加以探讨。"[1]

针对李斯特用他的所谓"生产力理论"来与"斯密—萨伊学派"所阐发的"交换价值"理论相对立，并主张单独地加以研究，马克思指出，这是一种"任意的抽象"。因为在实践中二者是不可分的，任意分开，只能徘徊于抽象的语词。在现存的资本主义制度下，资产阶级绝不可能抛开"交换价值"而单纯地谋求社会生产力的发展。马克思批评了李斯特将"交换价值"同"物质财富"相混同的错误，深刻指出："把物质财富变为交换价值是现存社会制度的结果，是发达的私有制社会的结果。废除交换价值就是废除私有制和私有财产。"[2]由此可见，与

---

① 《马克思恩格斯全集》第42卷，人民出版社1979年版，第249页。

② 《马克思恩格斯全集》第42卷，人民出版社1979年版，第253—254页。

《神圣家族》中对价值的认识类似，此时的马克思是从真正人类的发展需要的角度来理解物品的价值问题的。他已经不像古典经济学家那样，把交换价值仅仅看作普遍满足社会需要的"物"，而是开始把它当作生产的社会关系来看待。在现代资本主义生产条件的作用下，作为主体的人被"物化"和"工具化"，也即人的价值按"物"的价值来衡量。与此相应，交换价值也呈现异化的状态。同样，生产劳动的非人化存在也是资本主义社会制度及其社会生产条件的"功劳"。因而，马克思指出，私有财产的实质是物化的劳动，因而，"废除私有财产只有被理解为废除'劳动'（当然，这种废除只有通过劳动本身才有可能，就是说，只有通过社会的物质活动才有可能，而绝不能把它理解为用一种范畴代替另一种范畴）的时候，才能成为现实。因此，一种'劳动组织'就是一种矛盾"①。在这里，马克思对劳动的理解虽然还没有完全摆脱人本主义的束缚，但他已经开始将消灭私有制的社会理想的实现与现实的社会物质生产活动相结合，彻底告别概念哲学。同时，他也已经发现资本主义社会劳动组织（生产方式）是一种矛盾性的存在，这就为其随后深入生产方式的内在矛盾寻找历史发展的根本动力奠定了基础。

马克思鲜明主张不能局限于当前的历史条件和特有形式来审视和思考工业和生产力。他认为，在资本主义雇佣劳动制度下，过高地夸赞工业和生产力，将其看作是高于交换价值的对象，无非是资产阶级极力美化资本主义制度，将其所激发的生产力与这种制度本身相等同，仿佛发展生产力就是资本主义生产的目的。而事实上，资本主义生产力的发展并非在资产阶级主动的意志条件下发展起来的，相反，却是其无意识地发展结果。马克思进一步区分了生产力（工业力）与生产

① 《马克思恩格斯全集》第42卷，人民出版社1979年版，第255页。

力在资本主义条件下的发展（工业），他说："如果这样看待工业，那就撇开了当前工业从事活动的、工业作为工业所处的环境；那就不是处身于工业时代之中，而是在它之上；那就不是按照工业目前对人来说是什么，而是按照现在的人对人类历史来说是什么，即历史地说他是什么来看待工业；所认识的就不是工业本身，不是它现在的存在，倒不如说是工业意识不到的并违反工业的意志而存在于工业中的力量，这种力量消灭工业并为人的生存奠定基础。"①

李斯特的"生产力"概念在一定程度上克服了英国古典经济学家只强调抽象的个人与人类，只强调研究"交换价值"的缺陷，确实包含一定的合理成分。但他脱离开世界历史的视野，撇开具体的社会关系，极力美化和夸大生产力（特别是夸大国家、制度、宗教、文化等人类的"精神资本"的作用），则带有极大的抽象性和资产阶级狭隘性。马克思立足自己新确立的无产阶级唯物主义基本立场，对此展开了猛烈的批判。马克思从世界历史的视野出发，指出资本竞争必将使生产超出一国的界限，生产的这种发展趋势的结果，就是资产阶级利益的趋同性。资产阶级口中所谓的民族性，无非是资产阶级共同利益的遮羞布而已。

马克思指出，资本主义生产具有的连续不间断性使得资本主义生产必然具有世界历史性。随着生产的不断发展，遵循竞争的规律、交换价值的规律和买卖的规律，资本主义生产必然要突破一国的界限，从而走向世界范围。从世界历史范围来看，资本主义工业（生产）只是特定时期的、暂时的历史现象，它必将被更为理想的社会生产所取代。"对工业的这种估价同时也就是承认废除工业的时刻已经到了，或者说，消除人类不得不作为奴隶来发展自己能力的那种物质条件和社

---

① 《马克思恩格斯全集》第42卷，人民出版社1979年版，第257页。

会条件的时刻已经到了。因为一旦人们不再把工业看作买卖利益而是看作人的发展，就会把人而不是把买卖利益当作原则，并向工业中只有同工业本身相矛盾才能发展的东西提供与应该发展的东西相适应的基础。"①

马克思进而指出，就像无产阶级是工业的生产者，然而却变为受制于工业的奴隶一样，工业激发出的巨大的自然力量和社会力量也成为了资产阶级的奴隶，对工业的关系，同无产阶级对工业的关系完全一样。今天，这些力量仍然是资产者用以实现其私利的奴隶和工具。所以，资本主义社会在创造出发达的生产力的同时，也创造出炸毁资本主义制度这个生产力的肮脏外壳的力量——即无产者。而无产者解放生产力的过程，也是其解放自身的过程。

这样，马克思就初步把握到资本主义社会历史进程背后那条生产（或资本）的逻辑，并开始尝试以生产发展的自然历史规律来探究资本主义社会的内在规律，论证其历史性和暂时性，以及无产阶级革命的历史必然性。尽管此时马克思还没有考察和把握到这种历史规律的真实的、具体的历史进程，还没有把对资本主义制度的批判与对资本主义大工业的批判区分开来，因而也还没有自觉地抽象出一定生产力发展之上的特定的生产关系，但与巴黎手稿时期关于共产主义作为异化的扬弃之路的逻辑思路相比，此时显然已向历史唯物主义更靠近了一步。

在最初面对生产力问题的语境中，马克思价值批判的愿望与激情仍大大超过实际的知识，因而在批判的深度和力度上有时仍显得有些力不从心。但相比于《1844年经济学哲学手稿》时期，这时，马克思对资本主义工业现实的分析，已经跳出了人本主义价值预设，不再从应然的角度批判异化劳动，他试图将生产力与其外在制度形式区分开

---

① 《马克思恩格斯全集》第42卷，人民出版社1979年版，第257—258页。

来，这就为彻底抛开异化史观奠定了基础，从而使生产研究更加深入，其理论内核也越发清晰。此外，李斯特关于经济发展应结合民族和国家具体个性的思想及其关于"生产力总和"的观点，此时虽未成为马克思生产研究问题的核心，但从其随后的生产主题演变和理论发展过程来看，这些思想观点对于马克思生产理论，特别是历史唯物主义生产力概念的形成无疑产生了积极的影响。要深入研究生产问题，单靠简单地否定和批判李斯特提出的生产力概念是不行的，必须彻底放弃对资本主义现实的抽象的人本学批判，从科学的历史视角对生产的历史进程进行实质性的总体考察。历史观与哲学观的根本性变革已经势在必行。

五、确立新历史观的生产起点

从《关于费尔巴哈的提纲》（以下简称《提纲》）到《德意志意识形态》（以下简称《德意志意识形态》），是唯物史观基本形成、并在总体上实现哲学的根本变革的重要阶段。经过布鲁塞尔时期的经济学研究："马克思此时已经从政治经济学中深刻地意识到，只有建立在手工业和工业的工具系统的改变基础之上的生产进步，才是历史时间性的根本。这种生产性的时间建构着人类社会物质生产和经济过程的根本。"[①] 通过把实践的观点引入社会历史领域，马克思找到了"直接生活的物质生产"这个唯物史观的出发点和理论基础，从而也使生产研究立足于一个全新的起点上。

在"包含有新世界观天才萌芽的第一个文件"《提纲》中，马克思在反思以往哲学史的基础上，明确地将自己的新哲学同直观唯物主义

---

① 张一兵：《回到马克思——经济学语境中的哲学话语》，江苏人民出版社2014年版（第三版），第456页。

和唯心主义区分开来，并将自己的新唯物主义定位为改造世界的哲学。他强调思维是否具有客观真理性，从根本上说是一个实践的问题而并非理论问题。这就开启了既有别于古典思辨哲学又不同于直观、机械的旧唯物主义的哲学新视域。这一全新的哲学视角就使得马克思彻底告别了思辨哲学，也清算了费尔巴哈机械、直观的人本主义唯物主义。打开了从人的感性活动，即实践的视角观察和审视自然与历史的哲学新空间。

在对德国哲学家和社会主义者进行批判、阐明自己的理论观点而写作的《德意志意识形态》里，马克思充分注意德国哲学与现实之间的联系，彻底抛开了思辨哲学的束缚。"在思辨终止的地方，在现实生活面前，正是描述人们实践活动和实际发展过程的真正的实证科学开始的地方。关于意识的空话将终止，它们一定会被真正的知识所代替。"他们首次明确阐明了历史唯物主义的理论前提、出发点和基本观点，在这一过程中"生产"成为一个核心概念和重要的理论基点。

（一）历史主体的经验现实存在

在马克思新唯物主义的视野中，现实的个人被看作是历史唯物主义理论的出发点和前提。现实的个人为了维持自身肉体存在而进行的生活资料的生产，则既是人区别于动物的经验事实，也是现实个人的存在样态与活动方式。同时这种生产的方式及其结果也作为一定的物质的、不受人们意识随意支配的前提条件和外在的界限，进一步制约着人们的现实生活。"他们是什么样的，这同他们的生产是一致的——既和他们生产什么一致，又和他们怎样生产一致。"[1]这样，借助生产这个经验现实，就使感性直观与主体性在现实的人身上真正统一起来了。

---

[1] 《马克思恩格斯选集》第1卷，人民出版社1995年版，第68页。

（二）历史发生学上的生成逻辑

这种与现实的人和人类历史密切相关的生产活动是全面的、总体性的。马克思进而在历史发生学的意义上详细考察了最初的生产活动和关系，赋予生产丰富的内涵和原初的历史意义。第一个历史活动是物质生活资料的生产也即生产物质生活本身；继而是由满足基本需要的活动所引出的新的需要的产生；随之是人自身生命的生产，即人的自我繁殖；再而是由上述生产伴生的社会关系和生产方式的再生产。这几方面伴随着人类社会的历史进程。这样，马克思恩格斯就赋予历史以现实的、具体的内涵。历史实际是人类历史，人类只有首先生存下来并能够生活才能够创造历史，这是历史的首要前提和现实基础。而为了能够生活，人首先要满足自己生存的基本物质需要，并开始提供满足这些基本需要的物质资料的生产活动，人类的生命和物种才能得以延续，人类的社会关系也在这种物质生产活动中，变得日益丰富。上述四个因素体现了人类历史的生成逻辑，它们也构成了现实人的存在样态。现实中的个人就是"从事活动的，进行物质生产的，因而是在一定物质的、不受他们任意支配的界限、前提和条件下活动着的"①。物质生产生活本身不但是人们活动的结果，还是人们活动的前提基础和基本条件。这也正是物质生产的基础和决定作用的意义之所在。

（三）生产生活孕育并决定意识

意识的产生（或精神生产）发生在物质生活资料生产、新的需要的产生、人自身生命的生产以及社会关系以及生产方式的再生产这些原初的历史关系产生之后。"有着自己的物质生产和物质交往的人们，

---

① 《马克思恩格斯选集》第1卷，人民出版社1995年版，第72页。

在改变自己的这个现实的同时，也改变着自己的思维和思维的产物。不是意识决定生活，而是生活决定意识。"①马克思直接从社会生活的生产这一社会历史存在的基础出发，将精神、意识理解为社会生活的产物。因此，马克思强调要根据经验现实去探究与解析整个社会的内在结构及社会的政治结构与生产的深层联系。在这里，任何思辨的和带有神秘色彩的解释都是不可取的。整个社会结构和国家的产生和形成都无法脱离具体的现实个人的生产生活过程。

在此基础上马克思阐明了唯物史观的核心观点，"这种历史观就在于：从直接生活的物质生产出发阐述现实的生产过程，把同这种生产方式相联系的、它所产生的交往形式即各个不同阶段上的市民社会理解为整个历史的基础，从市民社会出发阐明意识的所有各种不同理论的产物和形式，如宗教、哲学、道德等，而且追溯它们产生的过程"②。马克思还深刻地指出，阶级既是在整个社会占据统治地位的物质力量，也是在全社会占据统治地位的精神力量。"支配着物质生产资料的阶级，同时也支配着精神生产资料""占统治地位的思想不过是占统治地位的物质关系在观念上的表现，不过是以思想的形式表现出来的占统治地位的物质关系"③。马克思还就虚伪意识产生的根源和形成过程从生产力与交往形式发展的历史过程中来加以详细阐述，"当前社会的交往形式以及统治阶级的条件同走在前面的生产力之间的矛盾愈大，由此产生的统治阶级内部的分裂以及它同被统治阶级之间的分裂愈大，那末当初与这种交往形式相适应的意识当然也就愈不真实"④，这也即是说，虚伪意识在很大程度上产生于当一定的交往形式落后于现实的生产力发

---

① 《马克思恩格斯选集》第1卷，人民出版社1995年版，第73页。
② 《马克思恩格斯选集》第1卷，人民出版社1995年版，第92页。
③ 《马克思恩格斯选集》第1卷，人民出版社1995年版，第98页。
④ 《马克思恩格斯全集》第3卷，人民出版社1960年版，第331页。

展的时候，它表现为与旧的交往形式相适应的旧的落后的传统观念。这些旧观念具有诸如把个人利益说成是普遍利益的虚假性。马克思恩格斯不是像德国庸人哲学家那样谈抽象的意识，而是借助生产谈论具体存在的社会意识。过去旧的社会意识已经深深融入了社会的物质生产和生活之中，也即已经被物化成一定社会的物质生活基础，而未来新的社会意识正孕育于现实的一定的社会生产生活之中。

（四）生产力总和与分工、交往

在原初意义上历史活动及作用有先后之别，但在现实生产过程中，各种活动及活动结果的交互作用则更为突出。马克思着重阐释了生产力总和及其与分工、交往等的社会历史逻辑关系，揭示了这样的历史规律：以分工为中介的生产力与交往形式的矛盾运动构成历史发展的内在动力。"历史的每一阶段都遇到一定的物质结果，一定的生产力总和，人对自然以及个人之间历史地形成的关系，都遇到前一代传给后一代的大量生产力、资金和环境，尽管一方面这些生产力、资金和环境为新的一代所改变，但另一方面，它们也预先规定新的一代本身的生活条件，使它得到一定的发展和具有特殊的性质。"[1] 尽管对于"生产力总和"，马克思并没有给出一个明确的定义。但通过对文本具体语境的分析可以看出，在马克思那里，"生产力总和"主要包括主体要素、自然要素、工具和技术要素和社会环境要素等，集中表现为一定社会历史阶段的物质结果、物质条件或物质联系，也即一定社会历史阶段生产力发展水平的总体表现。"各民族之间的相互关系取决于每一个民族的生产力、分工和内部交往的发展程度。这个原理是公认的。然而

---

① 《马克思恩格斯选集》第1卷，人民出版社1995年版，第92页。

不仅一个民族与其他民族的关系，而且这个民族本身的整个内部结构也取决于自己的生产以及自己内部和外部交往的发展程度。一个民族的生产力发展水平，最明显地表现于该民族分工的发展程度。"①马克思以分工为基点，通过对分工进行一番逻辑和实证性的分析，追溯了所有制形式的发展演变历史。他认为分工发展的不同阶段与各个所有制形式是相一致的，有什么样的分工发展阶段就会有什么样的所有制形式。"由此可见，一定的生产方式或一定的工业阶段始终是与一定的共同活动方式或一定的社会阶段联系着的，而这种共同活动方式本身就是'生产力'；由此可见，人们所达到的生产力的总和决定着社会状况，因而，始终必须把'人类的历史'同工业和交换的历史联系起来研究和探讨。"②大工业的发展创造了巨大的生产力，而私有制已然成为生产力进一步发展的障碍和束缚，这巨大的生产力对于已无法适应其发展程度的私有制来说，就成了巨大的破坏力量。可见，随着社会的不断进步，生产力日益发展，必将冲破旧有落后的生产方式或交往形式的桎梏，并促使生产方式和交往形式不断更新，生产力随之得到解放。而生产力新的发展又会使既有的交往形式成为新的束缚，使得再次冲破现有的交往形式成为新的必然。马克思强调从社会自身出发来说明社会，认为社会的内在矛盾、冲突构成了社会发展的动力。他总结说："一切历史冲突都根源于生产力和交往形式之间的矛盾。"③而生产与交往的历史不会仅限于一国、一个地区或一个民族等有限的范围，它必将打破国与国、地区与地区及民族与民族间的界限，在世界范围得以发展。因为人们基于生产的交往活动的范围会随着生产力的发展不断拓展。于是原来各民族封闭的状态会随生产力水平的不断提高和世界

---

① 《马克思恩格斯选集》第1卷，人民出版社1995年版，第68页。

② 《马克思恩格斯选集》第1卷，人民出版社1995年版，第80页。

③ 《马克思恩格斯选集》第1卷，人民出版社1995年版，第115页。

性分工的日益发展而彻底消灭。这样，整个人类历史就必然在更大范围走向全世界的历史。

（五）生产与人的自由全面发展

马克思以直接生活的物质生产为出发点，深刻阐释了历史唯物主义的基本原理，全面叙述了生产力与生产关系、经济基础与上层建筑以及社会存在与社会意识等相互运动的矛盾关系，并就其相互影响和演变推进的内在结构关系做了细致的分析和阐释。与此同时，马克思尝试将自由的价值追求，也即人的主体性的实现，内在贯穿于物质生产的整个历史过程。人无论是作为生产活动的主体，还是作为政治活动的主体，抑或是作为精神活动的主体，都存在着主体性的实现问题，也即自由的实现问题，它们之间有着密切的内在关联。马克思对此给予了揭示，并将社会物质生产力的发展演进，与主体人能力的提高及自由的发展看作是同一个问题的两个方面。也即在马克思那里，对于生产而言，物的方面和人的方面的价值追求是并行不悖的。

在马克思看来，自由的实现不可能靠臆想或空洞的言辞，而必须借助现实的生产与交往关系，即全面占有生产力与普遍的交往。"个人力量（关系）由于分工而转化为物的力量这一现象，不能靠人们从头脑里抛开关于这一现象的一般观念的办法来消灭，而是只能靠个人重新驾驭这些物的力量，靠消灭分工的办法来消灭。没有共同体，这是不可能实现的。只有在共同体中，个人才能获得全面发展其才能的手段，也就是说，只有在共同体中才可能有个人自由。"①

马克思把人摆脱物的束缚的活动称为"自主活动"，力图通过"自主活动"这一概念，揭示出主体在生产力与生产关系矛盾结构中的能

---

① 《马克思恩格斯选集》第1卷，人民出版社1995年版，第118—119页。

动作用。也将历史深层次矛盾的探究同历史主体——人真正结合起来，力求从生产与人的互动中，探寻共产主义的实现规律。马克思认为，个人往往依赖于一定的社会关系和一定的社会活动方式，这一点正是由人们的物质生产和物质交往所决定的。在资本主义及以往历史时期，由于社会及个人本身的局限性，旧式的分工、谋生的需要使得自主活动和物质生活的生产相互分离。而要使它们再度一致起来，则要消灭旧的、抑制主体全面发展的狭隘的分工，通过普遍联合以及共产主义革命才能得以实现。马克思认为，个人只有在真正的集体中，在各个人的联合条件下并且通过这种联合的集体获得自身的自由。"各个人必须占有现有的生产力总和，这不仅是为了实现他们的自主活动，而且就是为了保证自己的生存。"① 马克思同时指出了无产阶级的使命，"只有完全失去了整个自主活动的现代无产者，才能够实现自己充分的、不再受限制的自主活动，这种自主活动就是对生产力总和的占有以及由此而来的才能总和的发挥。过去一切革命的占有都是有限制的；各个人的自主活动受到有局限性的生产工具和有局限性的交往的束缚"②。可见，无产阶级之所以成为实现自主活动的革命性力量，一方面在于他们被剥夺的生活状况，他们几乎完全失去了整个自主活动，仅仅成为资本增殖的工具；另一方面，无产阶级与生产连接最为紧密，生产和交往的普遍性，促使他们必将走向联合，并在真正的联合中实现对全部生产力的占有。而关于联合实现的途径，由于现有生产方式和交往形式的保守性和滞后性，相关利益所有者为了固守自身利益不受损失，必将极力维护既有的生产方式，并进行殊死搏斗，因此无产阶级只有通过革命才能实现真正的联合。马克思指出："在革命中，一方面迄今

① 《马克思恩格斯选集》第1卷，人民出版社1995年版，第129页。
② 《马克思恩格斯选集》第1卷，人民出版社1995年版，第129页。

为止的生产方式和交往方式的权力以及社会结构的权力被打倒，另一方面无产阶级的普遍性质以及无产阶级为实现这种占有所必需的能力得到发展，同时无产阶级将抛弃它迄今社会地位遗留给它的一切东西。只有在这个阶段上，自主活动才同物质生活一致起来，而这又是同各个人向完全个人的发展以及一切自发性的消除相适应的。"①而在通过普遍联合和共产主义革命而实现的作为真实集体的共产主义的社会组织中，那种由分工导致并依赖分工存在的所谓地域性、民族性和职业性等发展局限将会消除，人的多样才能将得到充分释放和自由发展。

虽然在初步阐发新历史观的《德意志意识形态》中，经济学并非马克思这时研究的核心主题，但其中的经济学思想却不容忽视。这时马克思已经改变了过去对待古典政治经济学简单批判与排斥的态度，开始承认政治经济学是"一门独立的专门的科学"，而且看到这门科学所应包括的其他一些诸如政治、法律等关系，而政治经济学常把这些关系简单地归结于经济关系。在这里，马克思已经体现出一种超出单纯经济学的总体的研究视野。马克思还肯定了政治经济学不同于思辨的经验实证性。"在政治经济学里已经提出了一种思想：主要的剥削关系是不以个人意志为转移，是由整个生产决定的，单独的个人都面临着这些关系。"②虽然马克思对资产阶级经济学家功利论的有限性和辩护性持批评态度，但还是肯定它们"只有在开始研究经济关系，特别是研究分工和交换的时候，它才在这方面（指公益论方面，引者注）有充实的内容"③。这时尽管马克思已经自觉地把分工纳入整个历史发展进程中来分析评述其特点和作用，并且开始对分工做具有实证色彩的研究，

---

① 《马克思恩格斯选集》第1卷，人民出版社1995年版，第129—130页。

② 《马克思恩格斯全集》第3卷，人民出版社1960年版，第483页。

③ 《马克思恩格斯全集》第3卷，人民出版社1960年版，第484页。

但他还未关注生产过程本身，无法挖掘出分工背后的社会生产关系，发现不了分工在不同历史阶段的本质差异，故而生产的社会批判功能还未充分显现。这些研究在以后的《资本论》及其手稿中日益深化。

　　总之，在《德意志意识形态》中，生产研究的主题主要围绕对新历史观的阐发及哲学新视域的开创，初步展现了生产的内在逻辑。历史唯物主义的哲学新视域为生产理论研究奠定了基本的理论前提和重要的方法论基础。马克思据此把对资本主义生产方式统治奴役人的现实的批判建立在对现代私有制社会内在矛盾进行历史性分析的基础之上。但是"离开经济学基础和社会主义的价值旨趣，马克思的新世界观是无法真实呈现的"①。哲学变革的核心目的并非要建立一个无所不包的思辨哲学体系，而是要通过对资本主义社会的深层解剖，进而实现对其批判性地历史超越。因此，思想意识层面的批判必然要被深化为经济层面的生产（资本）批判，这也正是马克思所开创的以改变世界为己任的新哲学观的实质性要求。而真正深入生产现实，对资本主义生产方式进行"人体解剖"的工作是在《资本论》及其手稿的写作中完成的，也直到这时，马克思才真正完成对政治经济学的批判与超越，使生产研究走出纯粹经济学的局限，进入更广阔的社会历史总体性视域。也正是马克思在《资本论》及其手稿中对现代资本主义社会的经济内核——政治经济学的深刻批判才使历史唯物主义得到了进一步的丰富和发展，也成为马克思哲学最终完成革命性飞跃的标志。为了避免内容上的重复，对于《资本论》及其手稿中关于生产理论的深化与发展，将在下一章关于马克思生产理论对政治经济学的批判与超越部分集中加以梳理。

---

① 张一兵：《回到马克思——经济学语境中的哲学话语》，江苏人民出版社2014年版（第三版），第436页。

第二章 走出纯粹经济学局限的生产批判

社会生产是人类社会存在和发展的基础，同时也是马克思考察和分析人类社会、建构唯物史观的客观依据。在马克思新历史观的形成过程中，生产发挥着极其重要的作用。马克思不仅在生产劳动发展史中找到了理解全部社会历史的钥匙，而且对资本主义社会生产展开了深刻的政治经济学批判。而从"哲学批判"向"政治经济学批判"的转变，既是理论视角的转换，也是历史唯物主义的深化与发展。哲学的"问题"本性内在要求从经济问题中寻求实现，而经济问题只有提升到哲学高度才能揭示其本质并找到根本性的解决路径。马克思通过哲学与经济学的初步结合开辟了二者彼此理解与互动式发展的道路。马克思从社会历史的根本结构和发展规律上对作为经济现象的生产问题进行哲学思考，既深化了历史唯物主义的理论构建，又以历史唯物主义作为经济学研究的哲学基础和内在驱动机制，实现了哲学与经济学的深层结合。马克思研究视野从哲学转向经济学，并不是哲学的消亡，而是要实现哲学的自我革命和新的发展。根基于生产的政治经济学批判，是马克思哲学的经济学转向的必然逻辑，它不仅实现了对德国古典哲学和英国古典政治经济学的批判与超越，而且也超越了纯粹经济学的局限，具有了更为宽广的社会历史视野。这一研究转向体现了历史唯物主义与政治经济学批判的科学统一，开辟了对现代性批判的新路径。在这一过程中，资本主义生产的总体批判逻辑逐渐凸显。

一、经济学研究促使生产跳出旧哲学束缚

在《莱茵报》担任主编时期，马克思遇到大量对物质利益发表看法和展开辩论的难题，正如马克思自己所说，恰恰是这促使他开始了早期的政治经济学研究。随着后来《莱茵报》被封，马克思退回书斋潜心研究，着力解决理论困惑。他发现不跳出黑格尔理念哲学的束缚，就无法真正深入经济现实并揭示人类社会发展的真实规律，找到人的自由实现的现实之路。马克思早期的著作从《黑格尔法哲学批判》到《1844年经济学哲学手稿》都体现出马克思寻求哲学观的变革为政治经济学批判扫清思想障碍的努力探索。针对黑格尔在国家和市民社会关系上所持的颠倒的逻辑，马克思对此进行了唯物主义的反转。他批判了黑格尔的理性主义哲学，反对黑格尔试图用理想的国家和法的理念来克服现代社会局限性的思想路径，明确了市民社会在现代政治国家中的社会基础性地位，并指出解开市民社会之谜的钥匙应该到政治经济学中去寻找。在《1844年经济学哲学手稿》中，马克思更是专门用整整一节来来对黑格尔的辩证法及其整个哲学进行分析和批判。古典政治经济学将资本主义私有制看作永恒的存在，而与此同时却对工人的生活漠不关心，马克思在最初研究政治经济学的《巴黎笔记》时期就已经发现了资产阶级经济学家这一研究立场的局限性，而且对此十分不满。通过经济学的初步研究，马克思开始尝试将哲学、政治经济学与科学社会主义联系起来，透视其内在联系，积极探寻将它们有机地结合起来的有效途径。马克思当时还曾计划专门写一部批判资本主义制度和资产阶级经济学的巨著。由此可见，从一开始，马克思对政

治经济学问题的研究在立场和哲学方法上就显示出极大的不同,他从起初就是带着批判的精神切入的。虽然这时的思想总体上仍未脱离人本主义价值悬设的异化劳动观的整体框架,但关于生产,马克思已经萌生了许多闪光的思想。如他已将资本看作一种权力,支配着劳动及其产品。同时他也开始意识到生产资料私有制和资本之间的复杂微妙的关系,这就开始从物的表层深入生产关系所涉及的人的关系的社会深层,为马克思后来彻底超出经济学物的局限开辟了道路。这之后的《神圣家族》《费尔巴哈提纲》《德意志意识形态》等著作,马克思仍旧以清理与旧哲学特别是黑格尔以后的哲学的关系为己任、以创立新的哲学观(历史观)为理论主旨,此时政治经济学批判虽不是研究主题,但却作为一条隐形的线索,在唯物史观的创立过程中发挥着重要作用。从总体上来看,一直到《德意志意识形态》,马克思对待古典政治经济学的基本态度都是在科学上基本肯定、在政治和哲学立场上大胆超越。通过早期的政治经济学批判,马克思在批判政治经济学的非历史性局限性的同时,揭示了社会生产内在矛盾运动的历史规律。同时他也通过对生产劳动的分析,阐明了生产活动在人的生活和整个人类历史的基础性地位。这就为以后深入政治经济学研究生产问题奠定了历史唯物主义的理论前提和科学的方法论基础。

二、新历史观初遇政治经济学批判

回溯马哲史,虽然从研究的时间上来看,马克思的新历史观在《关于费尔巴哈提纲》和《德意志意识形态》里就已经确立起来了,但当时由于诸种原因,这两部著作却并未正式发表。这样,马克思于1847年出版的《哲学的贫困》便获得了第一次科学全面地阐发其新世界观即历史唯物主义的机会。在这部著作中,马克思以论战的方式批判了蒲鲁东的《贫困的哲学》中的经济哲学方法及其社会革命理论。而马克思在《德意志意识形态》中确立起来的由从事着物质生产的现实的人出发来思考人、社会及历史的理论视角，及其建立在生产力和生产关系的矛盾运动推动社会历史前进基础上的社会变革路径，就为其在《哲学的贫困》中批判蒲鲁东的形而上学方法等奠定了坚实的理论基础。政治经济学的研究对象因其是特定历史阶段的产物而具有历史规定性，例如资本主义生产关系就是特定历史阶段的社会关系，它既然产生于一定的社会历史条件，就必然与特定的历史条件相适应和相共生，因而它不可能是永恒不变的、超历史的，也不可能普遍适用于一切社会。这是马克思新历史观在初遇政治经济学批判时得出的基本认识。

在这本书中，马克思批判了蒲鲁东关于生产问题研究的抽象性，并开始从具体的、现实的社会关系层面来揭示生产的历史线索。生产关系是由生产力决定的，它随着生产力的发展而不断发生变化。经济范畴的产生是经济事实发展的结果，因而其具有历史性的特点。马克思深入批判了资产阶级经济学家脱离开产生社会关系的历史运动来阐释生产的非历史性观点，并主张将社会的生产关系看作一个统一的整体。这就为以后的《资本论》及其手稿中真正深入生产现实、对资本主义生产方式进行"人体解剖"做了铺垫。马克思晚年在谈到他早期的这部经济学著作时曾说："在该书中还处于萌芽状态的东西，经过20年的研究后，变成了理论，在《资本论》中得到了发挥。"①

在《贫困的哲学》一书中，蒲鲁东从黑格尔客观唯心主义出发，把经济学范畴看作是纯粹观念、理性活动的产物。他不是把经济范畴看成生产关系的抽象反映，而是把生产关系看成永恒存在的范畴和观念的体现。"人类的事实是人类观念的化身，所以，研究社会经济的规

---

① 《马克思恩格斯全集》第19卷，人民出版社1963年版，第248页。

律就是讨论理性规律的学说，就是创造哲学。"[①]他把社会经济发展的历史过程看成是经济范畴、概念的自我生成和自我发展的体现。在他看来，现实中确确实实存在的人类社会的历史仅仅是观念、范畴和各种原理在其中出现或实现的历史顺序。而经济的进化就是范畴的依次演进，即其适应观念顺序的历史。

针对蒲鲁东对经济学范畴非历史的态度，马克思在1846年12月28日致安年科夫的信中就蒲鲁东《贫困的哲学》一书进行初步评论时就曾批判地指出："蒲鲁东先生更不了解，适应自己的物质生产水平而生产出社会关系的人，也生产出各种观念、范畴，即恰恰是这些社会关系的抽象的、观念的表现。所以，范畴也和它们所表现的关系一样不是永恒的。它们是历史的和暂时的产物。"[②]马克思批判地指出，同资产阶级经济学家一样，蒲鲁东没有从一定的历史发展阶段或是一定的生产力发展阶段的历史性的规律来研究经济范畴，而是错误地把这些经济范畴看成永恒不变的规律。马克思强调应从关系中并结合经济发展来理解现代社会制度。

1865年1月在给约·巴·施韦泽的信中，马克思在谈论蒲鲁东时再次指出其在经济范畴研究上的方法论局限。"他不是把经济范畴看做历史的、与物质生产的一定发展阶段相适应的生产关系的理论表现，而是荒谬地把它看作历来存在的、永恒的观念，这就表明他对科学辩证法的秘密了解得多么肤浅，另一方面又是多么赞同思辨哲学的幻想，而且，他是如何拐弯抹角地又回到资产阶级经济学的立场上去。"[③]

在《哲学的贫困》第二章"政治经济学的形而上学"中，针对蒲鲁东的《经济表的分析》，马克思展开了七个说明，在第一个说明中马

---

① [法]蒲鲁东:《贫困的哲学》第1卷，余叔通、王雪华译，商务印书馆1961年版，第142页。
② 《马克思恩格斯文集》第10卷，人民出版社2009年版，第49—50页。
③ 《马克思恩格斯全集》第16卷，人民出版社1964年版，第31—32页。

克思就正式提出政治经济学的研究任务，他认为政治经济学应研究生产如何在资产阶级生产关系下进行，以及这些生产关系究竟是如何产生的。他提出了研究政治经济学的科学方法和前提，明确表达了自己的历史观，特别突出生产关系的维度。马克思明确指出生产关系是由物质生产活动"生产出来"的，同时，它一经产生就成为人们从事物质生产活动必要的前提，也成为形成人的其他一切关系的基础。他反复阐释社会关系与生产力的密切相关性，强调要研究生产关系的历史运动。马克思以呢绒、麻布和丝织品的制造为例，指出蒲鲁东在经济学研究中只知其一不知其二。蒲鲁东虽然清楚人们是在一定的生产关系中进行制造和生产的。但他不清楚一定的生产关系也像呢绒、麻布等产品一样，都是被生产出来的，这些生产关系并非天然存在、从来就有的。也就是说，社会生产与生产力密切相关，相生相随，不可分割。"随着新生产力的获得，人们改变自己的生产方式，随着生产方式即谋生方式的改变，人们也就会改变自己的一切社会关系。手推磨产生的是封建主的社会，蒸汽磨产生的是工业资本家的社会。"①

在对蒲鲁东庸俗政治经济学思想观点进行批评时，马克思运用历史唯物主义的观点，对分工、交换等经济范畴从生产发展的现实需要与具体阶段来作分析，得出了与蒲鲁东完全不同的结论。

关于分工，在马克思看来，不同的历史时代有不同的分工，分工受生产工具的制约。"劳动的组织和划分视其拥有的工具而各有不同。手推磨所决定的分工不同于蒸汽磨所决定的分工。"②马克思进而指出，社会作为一个整体和工厂内部结构类似，也有自己的分工，而社会分工所依据的规则最初来自物质生产条件而非由哪个立法者确立。机器作为劳动工具的集合，它的发明推动了分工的发展和进步、也促使工

---

① 《马克思恩格斯选集》第1卷，人民出版社1995年版，第141—142页。
② 《马克思恩格斯选集》第1卷，人民出版社1995年版，第161页。

场劳动从农业劳动中分离出来，并进一步推动一国的社会内部分工走向世界市场，进而融入整个国际分工与交换。马克思还通过摘录尤尔的《工厂哲学》区分了自动工厂的分工与资本主义早期工场手工业的分工，来强化分工的历史性特点。

值得一提的是，在这里马克思第一次集中阐述了他关于社会有机体的思想，强调了一定社会生产结构中生产环节和生产关系统一的和相互依存的历史性存在。生产的现实社会关系层面并非一个静态的关系之网，而是一个活动着的社会有机体。在社会这个整体中，每一方面的经济关系都是作为整体链条中的一环而存在，并同时与其他经济关系发生这样那样的联系，因此，对任何一种经济范畴的考察和分析只有将其置于社会整体之中才有现实的意义。而对于蒲鲁东把社会各个环节仅仅当作彼此割裂的、数量相同而又彼此相连的单个社会的做法，马克思给予了深刻的批判。马克思尤其不赞成蒲鲁东"用政治经济学的范畴构筑思想体系的大厦"的形而上学经济研究方法。他认为，对于社会整体链条中一个个的环节，如果单靠简单不变的逻辑公式推导是无法准确说明的。只有联系其同时存在而又相互依存的社会有机体，并关注社会有机体的内在变化，才能清晰准确地加以说明。这其实体现了马克思生产研究的一个极为重要的方法论原则，即在考察某一社会生产的时候，必须联系各个生产关系，并在其相互关系中考察它们的理论表现——各类生产范畴，而各个范畴只是反应生产方式的个别方面，应始终注意到这个生产方式的整体来展开研究。在这里，问题还只是初步地提出，关于这种总体性的生产研究方法的深入讨论则体现在1859年的《〈政治经济学批判〉序言》中。在那里，马克思提出生产、分配、交换、消费等社会生产的各个环节相互间既各有差别，又相互联系，构成一个总体。他因此强调，必须要在社会生活的总过程中研究生产，把生产关系与生产力、国家形式、法的关系、意识形态以及家庭联系起来考虑。而正是各种经济关系在整个现代社会结构中的地位才真正决定了其现实的地位和作用。"问题不在于各种经济关系在不同社会形式的相继更替的序列在历史上占有什么地位，更不在于它们在'观念上'（蒲鲁东）（在历史运动的一个模糊表象中）的次序，而在于它们在现代资产阶级社会内部的结构。"①

资产阶级将现存的生产关系天然化和永恒化，马克思对这种非历史性错误进行了批判。"资产阶级借以在其中活动的那些生产关系的性质绝不是单一的、单纯的，而是两重的；在生产财富的那些关系中也产生贫困；在发展生产力的那些关系中也发展一种产生压迫的力量。"②他借助资本主义生产方式的形成发展史的分析，揭示了资本主义生产关系的内在矛盾性。

在《哲学的贫困》中，马克思第一次将经济学家划分为"宿命论学派"（包括古典派和浪漫派）、"人道学派""博爱学派"等，并对古典学派的理论重视对生产实际运动的科学解释及其取得的成就给予了一定程度的肯定。他指出，"亚当·斯密和李嘉图这样的经济学家是这一时代的历史学家，他们的使命只是表明在资产阶级生产关系下如何获得财富"③。马克思对李嘉图的观点特别是他的价值理论给予了基本正确的评价。他认为李嘉图科学地阐明了现代资产阶级社会的理论，指出资产阶级生产的实际运动也就构成价值的运动。马克思将李嘉图的价值论称为是"对现代经济生活的科学解释"④。受李嘉图的政治经济学影响，马克思以历史的叙述的方法为工具，开始从《德意志意识形态》中关于所有制演变历史的理论层面，逐步深入到社会生产现实过程，

---

① 《马克思恩格斯选集》第2卷，人民出版社1995年版，第25页。

② 《马克思恩格斯选集》第1卷，人民出版社1995年版，第153页。

③ 《马克思恩格斯选集》第1卷，人民出版社1995年版，第154页。

④ 《马克思恩格斯全集》第4卷，人民出版社1958年版，第93页。

对诸如分工、生产、交换、需要之间的相互关系及其在历史不同阶段的具体表现给予充分的关注。这样，就使得历史唯物主义方法在微观和现实层面得到深化与发展。马克思通过独立的政治经济学研究对资本主义生产结构进行深刻剖析，开始从经济学的视角进行生产批判。

在这部著作中马克思首次明确肯定了劳动价值论，认为研究资本主义生产方式的内在联系离不开劳动价值论这个理论基础。马克思还在这个基础上考察了剩余价值的表现形态（例如利润、地租）。于是，《资本论》理论的基本轮廓在这里得到总体上的勾勒和描绘。然而总体上来看，这时马克思对政治经济学的研究，在一些深层次的理论问题上还没有完全思考清楚，因而也就还没有形成马克思主义政治经济学较成熟完整的整体的逻辑思路。所以，他这时的许多思想观点在很大程度上沿袭了古典经济学，也就难以避免地保留了古典经济学的一些错误。例如，这时马克思对劳动和劳动力还没有区分清楚，也还没有论及交换价值与价格、价格与市场价格的严格区别等。

在随后的《雇佣劳动与资本》一文中马克思开始运用劳动价值理论来阐释资本与雇佣劳动的对立关系，从而揭示了资本主义生产关系的剥削实质。而基于对资本主义社会生产关系实质性的认识，马克思又在《关于自由贸易的演说》中深刻地指出，所谓的贸易自由其实只是生产资本的自由，于是开始接近资本主义社会的深层资本逻辑。而马克思真正创立自己的经济学，对资本主义生产方式进行深层解剖则是在十年之后的《1857—1858年经济学手稿》中完成的。

三、生产批判的社会历史整体视野

1857—1871年是马克思《资本论》及其手稿的创作时期，马克思运用历史唯物主义对资本主义生产关系及其透过社会现象所呈现的种种幻象展开深刻的政治经济学批判。马克思这一时期的经济学研究，并不是远离社会生产生活，只是形而上地探讨经济现象的所谓的纯粹的经济学研究，而是将经济学与哲学在社会历史维度高度结合，既强调物质生产等经济现象都是历史发展的产物，同时又把这些经济现象作为既定的社会存在，放在整个社会结构中，对其各个要素之间的内在关联和相互变化加以深入研究，从而呈现出社会历史的整体视野。

（一）哲学与经济学意义上生产概念的有机重合

马克思为撰写他的政治经济学巨著，在1857—1858年期间曾经写下了50印张的经济学手稿，也就是后来所称的《1857—1858年经济学手稿》，这也被看作是《资本论》的第一稿。在为这部手稿而撰写的导言中，马克思对自己的政治经济学研究对象和方法都做了详细阐述。他明确以物质生产为研究对象，特别将一定社会性质的生产，当作理论的出发点，并赋予"生产"以经济学和哲学（历史唯物主义）的双重含义。"说到生产，总是指在一定社会发展阶段上的生产——社会个人的生产。"而在这个意义上来说，"现代资产阶级生产——这种生产事实上是我们研究的本题"①。这里反映出马克思哲学研究的一个转向，与之前着重从古典政治经济学已有的抽象中提升出生产力、生产关系、生产方式、社会结构等哲学历史观意义上的一般规定性不同，这时马克思开始借助经济学研究对象和研究方法，逐渐深入现代社会生产生活的复杂的现实层面。而马克思所理解的生产并非资产阶级经济学家眼中"孤立的个人的生产""与其他环节相割裂的生产""处于永恒资本主义生产关系中的生产"，与此相反，马克思则立足历史唯物主义，运用科学的抽象，从个人活动与社会生产之间的普遍联系，从生产、分

---

① 《马克思恩格斯全集》第30卷，人民出版社1995年版，第26页。

配、交换消费各环节相互统一的总体，从生产与流通的运动过程的统一，概言之，真正从历史的和社会的运动的整体视域来谈论生产。而在资本主义社会，生产方式受制于资本的权力结构，是其所特有的生产特点，马克思由这一生产现实出发，在超越经济学局限的更宽广视野里揭示出资本主义这种狭隘的经济活动和生产结构本身的历史性和暂时性。这一致思路径就决定了马克思的经济学研究有着鲜明的批判立场，绝非纯粹的非批判的实证分析。

马克思在强调政治经济学批判以现实为着眼点的同时，也肯定了抽象在一定意义上的合理性，他指出"生产一般是一个抽象，但是只要它真正把共同点提出了，定下来，免得我们重复，它就是一个合理的抽象"①。抽象本身并非最终目的，只是为了把适用于生产一般的规定性和共性提炼出来，从而找到能使一定社会的生产有别于这种一般共性的本质差别——也即一定社会发展阶段上的生产的历史特殊性，正是这种具有本质差别的历史特殊性才促成生产的发展，也形成特定的生产阶段。因此，马克思总结到"总之，一切生产阶段所共有的、被思维当作一般规定而确定下来的规定，是存在的，但是所谓一切生产的一般条件，不过是这些抽象要素，用这些要素不可能理解任何一个现实的历史的生产阶段"②。事实上，就这些抽象要素本身，它们也是历史条件的产物。历史条件如何作用于它们，它们与历史运动的关系如何，恰恰构成生产的前提和条件。在谈到生产与分配的相互关系时，马克思明确指出，生产的条件和前提构成生产的要素。通过生产过程本身，生产的要素就从最初表现为自然发生的东西变成历史的东西。这种生产要素不断在生产内部过程中发生变化，它们既是过往历史时期生产的结果，也是当下历史阶段生产的前提。

---

① 《马克思恩格斯全集》第30卷，人民出版社1995年版，第26页。
② 《马克思恩格斯全集》第30卷，人民出版社1995年版，第29页。

在《1857—1858年经济学手稿》中，马克思立足唯物史观，重点反思和批判了资产阶级政治经济学的研究对象和原则方法。马克思在《巴师夏和凯里》手稿中，首次将资产阶级古典经济学和资产阶级庸俗经济学清楚明晰地区分开来。在批判庸俗经济学家巴师夏和凯里的观点时，马克思对其以牺牲古典经济学一定意义上的科学性来为资产阶级社会进行辩护的做法给予了揭露。他深刻地指出，古典经济学家通过朴素直观已经在某种程度上科学地观察到了资本主义生产关系内在的矛盾和对抗，但庸俗经济学家却否认这一事实，极力将生产关系描绘和证明为是天然和谐的，其落后反动可见一斑。马克思运用由抽象上升到具体的方法，让抽象的和简单的经济学范畴成为一个意义总体，这个总体包含有许多规定性而且蕴含着丰富的关系，并在思维行程中得以具体地再现。而简单范畴在整体中的关系是变化的，它们也是历史的产物，并符合现实的历史过程。马克思以"劳动"为例，指出："这个被现代经济学提到首位的、表现出一种古老而适用于一切社会形式的关系的最简单的抽象，只有作为最现代的社会的范畴，才在这种抽象中表现为实际上真实的东西。"[1]而拥有历史上最先进、最丰富、最复杂的生产组织的资本主义社会就为理解古代形式的生产组织提供了钥匙。在对一定社会发展阶段的生产进行分析研究时，既要看到生产发展的普遍内在规律，更要看到决定着一定社会生产方式的特殊性的"普照的光""特殊的以太"。马克思深刻地指出："在一切社会形式中都有一种一定的生产决定其他一切生产的地位和影响，因而它的关系也决定其他一切关系的地位和影响。这是一种普照的光，它掩盖了一切其他色彩，改变着它们的特点。这是一种特殊的以太，它决定着它里面显露出来的一切存在的比重。"[2]对于现实的资本主义社会，问题不在于

---

① 《马克思恩格斯全集》第30卷，人民出版社1995年版，第46页。

② 《马克思恩格斯全集》第30卷，人民出版社1995年版，第48页。

各种经济关系在历史上发生发展的既定顺序，也不在于这些经济关系在理论和观念上的逻辑顺序，"而在于它们在现代资产阶级社会内部的结构"①。在资本主义社会里，这种"普照的光"和"特殊的以太"就集中表现为资本这个支配一切的经济权力，因此"它必须成为起点又成为终点"②。在马克思看来，资本是资本主义社会绝对支配性的力量，它集中表现为一种物的依赖关系，而这种"物的依赖关系无非是与外表上独立的个人相对立的独立的社会关系，也就是与这些个人本身相对立而独立化的、他们互相间的生产关系"③。于是真实关系的统治就表现为形而上学的观念的统治。因此，生产批判的任务就在于要透过这些观念统治的假象去找寻背后深层次的生产关系根源，马克思关于资本主义生产的政治经济学批判就聚焦于如何揭示资本的深层秘密。

正如张一兵在《回到马克思》一书中所概括的，马克思发现了资本主义生产方式在社会化大生产和商品交换中从"多"向"一"的抽象转化过程。从以工业为基础的标准化无差别的生产一般，到作为抽象劳动基础的无差别的劳动一般，再到市场交换中必然出现的价值一般。"从劳动到价值、货币再到资本的过程，存在着一个完整的客观抽象的历史逻辑。"④

（二）资本主义现实生产过程的政治经济学剖析

无论是《1857—1858年经济学手稿》，还是1859年最先出版的《政治经济学批判。第一分册》，抑或是以后出版的《资本论》，马克思都在正标题或副标题中注以"政治经济学批判"，可见，政治经济学批判

---

① 《马克思恩格斯全集》第30卷，人民出版社1995年版，第49页。
② 《马克思恩格斯全集》第30卷，人民出版社1995年版，第49页。
③ 《马克思恩格斯全集》第30卷，人民出版社1995年版，第114页。
④ 张一兵:《回到马克思——经济学语境中的哲学话语》，江苏人民出版社2014年版（第三版），第563页。

是马克思这一时期的研究主题。马克思不仅从理论上批判了的资产阶级古典政治经济学的生产理论，同时也对资本主义现实的生产过程进行了批判性的科学分析，从而揭示了资本的深层秘密。

马克思在《1857—1858年经济学手稿》中提出并详细论述了劳动二重性的思想，为劳动价值论搭建了科学的基础，同时也为发现剩余价值的秘密、解开政治经济学批判所涉及的一系列理论难题建立了科学根基，因此劳动二重性思想也就成为理解马克思政治经济学及生产理论的关键。在马克思看来，商品经济条件下，生产劳动分化为具体劳动和抽象劳动的对立，具体劳动创造使用价值，抽象劳动创造价值。资本主义社会中大量存在的商品正是使用价值和价值的统一。在提出商品生产中劳动二重性的基础上，马克思通过分析资本同劳动之间的交换关系，进一步揭示了资本主义生产的起源与本质。阐明了资本主义生产过程是劳动过程和价值增值过程的统一，从理论上科学地阐明资本主义剥削的本质及其内在机制。马克思发现，资本的实现只能在生产过程产生，只是通过单纯的流通环节的简单的物物交换是无法实现资本增殖的。劳动同资本既对立又相互交换的存在关系决定了资本主义生产关系的本质。剩余价值不能通过纯粹流通产生，但又离不开资本同劳动的交换，因此必须要到作为整体的生产总过程中去探寻。马克思创造性地提出"劳动力商品"这一重要概念，将流通过程与生产过程统一起来作为一个相互联系又不断转化的生产总过程来考察，进而将劳动和资本之间的交换过程又细分为两个不同性质的阶段：（1）劳动力商品作为使用价值在流通过程同资本进行"等价交换"；（2）工人的劳动力在进入生产过程后，被拥有资本的资本家绝对控制和支配。在这后一过程中工人不仅帮助资本家保存了劳动力的价值，而且创造出新的价值，即剩余价值，并被资本家无偿占有。"剩余价值总是超过等价物的价值。"①"在资本方面表现为剩余价值的东西,正好在工人方面表现为超过他作为工人的需要,即超过他维持生命力的直接需要的剩余劳动。"②这样,马克思在价值理论的基础上揭示了剩余价值的来源和本质,剩余价值来源于生产过程,却又离不开流通过程。

在马克思看来,资本生产过程和资本流通过程构成资本的生产总过程,也即包含着一个直接的生产的过程(即劳动过程和价值增值过程)和真正流通过程的两个阶段(即劳动力和生产资料购买的阶段和商品售卖的阶段)。两个过程共同构成资本的全部循环。"由于劳动并入资本,资本便成为生产过程;但它首先是物质生产过程,是一般生产过程,因此,资本的生产过程同一般物质生产过程没有区别。"③资本主义生产从物质生产过程来看,它就是一切生产方式所共有的生产产品的一般生产过程。然而,另一方面,资本主义生产过程"从形式规定性方面来看,是价值自行增值过程。价值自行增值既包括预先存在的价值的保存,也包括这一价值的倍增"④。于是,马克思就在资本主义社会生产不依赖交换又在平等交换掩盖下占有生产成果的总体生产过程中发现了资本主义剥削的秘密。"以交换价值为基础的生产和以这种交换价值的交换为基础的共同体……仅仅是建立在不通过交换却又在交换假象的掩盖下来占有他人劳动这一基础上的生产的表层而已。"⑤因此,资本的运动是劳动过程和价值增值过程的统一,是资本生产过程和资本流通过程的统一,它是生产过程从属于资本的生产方式。

在《1857—1858年经济学手稿》资本一章中阐述资本的生产过程

---

① 《马克思恩格斯全集》第30卷,人民出版社1995年版,第285页。

② 《马克思恩格斯全集》第30卷,人民出版社1995年版,第286页。

③ 《马克思恩格斯全集》第30卷,人民出版社1995年版,第262—263页。

④ 《马克思恩格斯全集》第30卷,人民出版社1995年版,第270页。

⑤ 《马克思恩格斯全集》第30卷,人民出版社1995年版,第505—506页。

时，马克思对资产阶级有机体制及总体的生产作用过程做了阐述。马克思认为，在完成的资产阶级体制中，具有资产阶级形式的各种经济关系互为前提且互相设定。而且这种一定生产方式中经济关系互为前提相互设定的情况也适用于任何社会有机体。"这种有机体制本身作为一个总体有自己的各种前提，而它向总体的发展过程就在于：使社会的一切要素从属于自己，或者把自己还缺乏的器官从社会中创造出来。有机体制在历史上就是这样成为总体的。生成为这种总体是它的过程即它的发展的一个要素。"① 据此，马克思指出，资本主义生产方式以资本和雇佣劳动的对立关系为存在基础，在资本主义社会生产方式下，劳资对立是占统治和支配地位的关系，在整个生产过程中起着决定性的作用，资本主义社会总体的有机体制就受制于此。因此，在资本主义生产方式下，生产过程是从属于资本的。这是由资本的实质及其运动趋势决定的。通过创造剩余价值实现增值就成了资本的唯一目的。

可见，在揭示资本秘密的过程中，马克思注意运用社会有机总体的思想方法，在要素的相互作用、影响机制和转化过程中剖析资本主义生产方式。而与此同时，马克思对与生产相关经济范畴的考察又始终是放置在历史演进过程和未来发展趋势的视野中，同时伴以对相关问题古典政治经济学思想史的梳理（《1861—1863年经济学手稿》中的章节安排可见一斑）。展现出其政治经济学批判的社会历史整体视域。

马克思在《1857—1858年经济学手稿》里提出并初步揭示了资本主义生产剩余价值的两种方法，即绝对剩余价值生产和相对剩余价值生产。随后，在《1861—1863年经济学手稿》中，马克思又对相对剩余价值的生产进行了更为详尽的阐释。他详细考察了资本主义生产方式下生产力发展、劳动生产力提高的三个前后相连相继的历史阶段。并

---

① 《马克思恩格斯全集》第30卷，人民出版社1995年版，第236—237页。

把协作、工场手工业分工和机器生产看作是资本主义生产力提高的三个阶段、三种基本形式。继《1857—1858年经济学手稿》论述了关于科学转变为直接生产力的趋势后，马克思在《1861—1863年经济学手稿》中又用大量篇幅论述了科学技术进步在社会发展中的积极作用。他指出，只有在社会化大生产条件下，科学的应用才能成为可能，科学技术才能转化为现实的生产力。生产过程也才能从简单的劳动过程转化为科学过程。因为社会化大生产可以为科学转化为直接现实的生产力提供社会物质。同时，当大量的科学技术应用于生产过程，又会反过来极大地促进社会化大生产的进一步发展。科学技术是脑力劳动的产物，在资本主义制度下，资本并不直接创造科学，但资本可以利用科学、占有科学，为生产剩余价值服务，使之成为剥削工人的手段。也就是说，在资本主义生产方式下，科学受制于资本成为劳动者的异己的敌对的统治权力。因此，随着表现为科技革命的生产力革命的发展，必然要带来生产关系的革命。

资本主义生产内在的资本与雇佣劳动的对立，就决定了资本主义生产方式本身就是一种自相矛盾的生产方式，"资本一方面确立它所特有的界限，另一方面又驱使生产超出任何界限，所以资本是一个活生生的矛盾"①。因而对资本主义生产方式只能用矛盾的方法即辩证法来把握，既不能像资产阶级经济学家一样否认矛盾的存在，也不能如空想社会主义者那样只是试图保留矛盾双方好的一方面，消灭另一方面。马克思认为，理性中的矛盾只是现实的矛盾在思维中的反映。资本的发展趋势源自其无法调和的内在矛盾，而不是出于概念的推演。这也是马克思的辩证法不同于黑格尔辩证法的本质区别所在。马克思后来在《资本论》德文第二版的"跋"中对自己的辩证法同黑格尔的辩证

---

① 《马克思恩格斯全集》第30卷，人民出版社1995年版，第405页。

法曾作了细致的区分。在他看来，黑格尔将主体的思维过程观念化，并把它看作现实事物的造物主，从而将现实事物只是看作思维过程的外部呈现。与此截然相反，马克思则深信，观念的东西只是外部物质的东西在思维中的呈现及被改造。而思维对外在具体的、物质的东西把握和改造事实上是理论产生的过程，而具体的、物质的事物本身的产生则不可能靠思维和观念的作用，这后一个过程只能是现实的、实践的过程。逻辑与历史的一致，事实上是辩证逻辑与人类历史的一致，也就是理论同实践相一致。两者之间并非一一对应的关系，而是一种非线性的、辩证的对应关系。马克思对资本主义生产的政治经济学剖析则既形成了对现实生产的"对象结构"的理解，也构成了对"研究对象结构"的理解，从而有效联结了"历史"和"认识"。

在《资本论》中，马克思采用了双重抽象的方法，强调对生产的研究与分析应从生产发展的最成熟形态入手。一方面从社会历史纵向发展中选取当时最发达、复杂的社会形式——资本主义社会进行解剖；另一方面从资本主义社会横向发展中抽取最成熟、最典型的发展点（如英国）来进行分析和考察。利用这种纵向的历史的和横向的社会的双重抽象方法，既可通过历史抽象的"人体解剖"为"猴体解剖"提供钥匙，显示出未来社会的某些征兆，又可通过社会横断面的解析揭示出资本主义生产关系的特殊性和复杂性，并导出资本主义社会发展的一般辩证法。从而既科学阐释了一定社会经济形态的发展是一个自然历史过程这一基本性质，同时也科学论证了一种社会生产方式及社会形态被另一种社会生产方式及社会形态所替换和取代的必然性。而思想史的批判梳理是马克思政治经济学批判的重要内容，恰恰是在思想史的辨析梳理过程中呈现了逻辑与历史的高度统一。

（三）古典政治经济学生产问题的研究成果与局限

古典政治经济学在生产规律、生产范畴以及研究方法等方面都取得了丰富的研究成果。无论是威廉·配第的"自然价格"，还是重农学派的"自然秩序"，又或是亚当·斯密的"看不见的手"，李嘉图的"为生产而生产"，古典政治经济学家们坚信，生产背后存在着某种客观规律，他们深入资本主义生产内部，努力揭示其内在联系与矛盾，寻找资本主义经济的自然规律，为探寻生产规律作了积极的尝试，也使生产研究进一步透过物的表象而深入其本质关系层面成为可能。

然而，古典政治经济学家的阶级局限却使他们仅仅止步于这种可能性，失去了继续前行的动力。他们视资本主义生产方式为自然永恒，因此也就将资本主义生产方式所遵循的特殊规律看成左右所有生产方式和社会形态的亘古不变的一般规律。在古典政治经济学家看来，不断进步和发展的是生产力，而生产关系却是永恒不变的，这样就机械地割裂了生产力和生产关系内在有机的、总体的本质联系。虽然他们的论述涉及了资产阶级社会各阶级利益的对立（如西斯蒙第关于阶级分化的洞见），也涉及资本主义的生产关系（如分配关系等），但资本主义生产关系在他们眼中始终是自然决定的、一般的生产关系，因而，他们对资本主义生产关系事实上持一种非批判的态度。

因此，古典政治经济学家寻找资本主义生产发展规律的努力尝试与其将资本主义生产方式绝对化的错误倾向是同时并存的。这样，他们虽然意识到生产背后存在着某种客观的物质规律，而且通过对资本主义生产方式的研究发现，这其实就是资本增殖的规律，但出于狭隘的阶级视域，他们却将资本主义的生产规律当作由自然决定、永恒不变的一般规律。这样就限制了他们的研究视野和理论空间，使得其研究难以深入生产内部去探究内在的运动，也就不能揭示资本主义生产方式运动的本质和发展规律。

古典政治经济学家对于分工、分配、社会再生产以及生产劳动的性质和类别等具体的生产范畴亦曾展开广泛的研究，也取得了初步的成果。如关于分工，配第首先认识到，劳动分工能够提升劳动生产率，而劳动生产率的改变又会引起商品价值量发生相反的变化，这些认识在资产阶级经济学家中都是较早的。斯密在其《国富论》中更是从分工的研究开始，他明确指出，分工和交换是人们在经济活动中彼此联系的纽带，人们借助分工和交换在生产劳动中形成一定的社会关系。斯密虽然也从经验性的现实出发，认为分工可以提高劳动生产率，增加社会财富，但他却没有看到分工的历史性和社会性，把分工一般化了，也没有把工场手工业内部的分工与社会分工区别开来。然而斯密关于分工研究的出发点不是真实的历史存在，而是所谓的"利己心"。他从人类的利己主义本性引出交换，再由交换引出分工的产生，因而在历史发生学上颠倒了交换和分工产生的历史次序。再如，关于生产劳动的性质和类别，虽然重农学派将农业劳动看作唯一的生产劳动关系，但他们"把关于剩余价值起源的研究从流通领域转到直接生产领域，这样为分析资本主义生产奠定了基础"①。斯密则提出劳动一般的概念，并将其看作财富的源泉，他第一次宣称，任何一个生产部门的劳动都是国民财富的源泉，这样就既克服了重商主义只承认对外贸易创造财富的局限，也克服了重农学派所持有的只有农业劳动才创造财富的偏见，从而把社会生产劳动的范围从农业扩大到了工商业。也就将政治经济学的研究重心更加普遍地从流通领域转向生产领域。这样，斯密首次从资本积累的角度将生产性劳动和非生产性劳动这对概念作

---

① 《马克思恩格斯全集》第33卷，人民出版社2004年版，第16页。

了较为细致的对比和分析。在生产劳动的类别方面，李嘉图则作了简单劳动和复杂劳动的区分。

尽管古典经济学家关于生产问题思想十分丰富，但他们仍然不能摆脱物的外观的迷惑。在研究资本主义社会生产内部联系时，他们只注重于各生产范畴之间量的关系的分析，而忽略了它们之间质的关联。生产范畴不是永恒的观念，也不是某种天外来客，各个生产范畴及其相互间的复杂关系正是源自它们在现实生产过程中真实的生成过程和动态联系。只有深入现实的生产过程，历史地去分析具体的生产活动，才能透过生产范畴的表象来把握其内在的本质联系。而这既需要具有历史的观点，也需要具有科学的抽象的方法。

古典经济学家在生产研究上所取得的成果与贡献得益于其研究方法。他们所开创的经济学抽象法，对于深化生产研究发挥了重要的作用。在古典政治经济学家那里，配第和魁奈最早运用了抽象法，但归纳与演绎在他们那里是明显分离的。斯密把归纳和演绎结合起来，将概念和分析并重，推进了抽象法的发展。但是由于在结合的过程中没有进行必要的整合和综合，致使两种完全对立的方法混杂在一起，使其研究方法表现为双重性。直到李嘉图才将斯密的双重方法改造为统一的抽象法，并在分析与综合中揭示了一些资本主义生产运动的规律。

斯密的研究方法是两重的，即内在的历史性的研究方法和外在的静态社会性的研究方法。[①] 他一面要探究资本主义经济的内部关系，从中发现其发展规律，一面又试图描述出其所观察到的表面现象，用特定的概念加以简单归纳。这两方面研究方法并存于斯密的著作中，彼此交织，有时又互相矛盾。但他毕竟是将抽象法系统地应用到政治经

---

① 参见唐正东:《斯密到马克思——经济哲学方法的历史性诠释》，南京大学出版社2002年版，第27—37页。

济学研究中的第一人。李嘉图则把古典经济学研究的抽象法发展到了顶点。他基于商品价值量由劳动时间决定的原理，由此出发，对资本主义诸经济范畴与此原理的适应性加以研究。这种方法"只是把生活过程中外部表现出来的东西，按照它表现出来的样子加以描写、分类、叙述并归入简单概括的概念规定之中"[①]。这一方法在科学上具有巨大的历史意义。然而由于其缺乏历史的观点，因而将资本主义生产方式绝对化。他只看到了生产力的进步和发展，却无视生产方式变革带来的生产关系的改变，以及相应的各种经济范畴历史变迁和演变过程。"这样，在他的研究和叙述上不是从最简单的范畴上升到较复杂的范畴，而是跳过了必要的中间环节，直接从价值论证生产价格，并把利润和剩余价值直接同一。"[②]

可见，古典政治经济学的抽象法在进行归纳和演绎，排除外在的、偶然性的因素干扰的同时，也滤掉了研究对象的本质，即抹杀了资本主义生产方式的历史规定性，没有看到资本主义生产方式的历史阶段性。而忽视对生产关系的历史深层和社会广角的把握，离开现实具体的生产关系来谈论生产，只能陷入形而上学的、抽象的、概念式的理论推导，难以真正揭示资本主义生产的内在矛盾和真实运行规律。

在斯密和李嘉图等古典政治经济学家所在的时代，资产阶级还充满革命的勃勃生机，将扫除封建残余、发展资本主义经济当作本阶级的根本利益所在，在客观上也确实符合生产力发展的现实要求。受此影响，古典经济学也将如何增加社会财富作为自己理论研究的主要任务。古典政治经济学以较广阔的视野研究经济社会体系，分析政治主体

---

① 《马克思恩格斯全集》第26卷Ⅱ，人民出版社1973年版，第182页。

② 安建华：《古典政治经济学研究方法浅析》，载《河北大学学报》（哲学社会科学版），1993年第3期。

国家（政府）、制度、政策等对社会经济活动与人们经济利益的影响，也分析经济对政治及社会其他诸方面的影响。这样，就为后来政治经济学的发展留下了丰富的思想遗产。他们研究了资本主义生产过程，敢于承认劳动创造价值，敢于承认利润、利息、地租来自工人创造的价值，在生产理论的问题上取得了许多开创性的研究成果。历史发展到19世纪三四十年代，资产阶级已巩固了自己的统治地位，与此同时，工人阶级反抗资本主义剥削的斗争此起彼伏，工人阶级开始作为一支独立的政治力量登上历史舞台，阶级斗争在理论和实践上威胁着资本主义的统治。在这种情况下，如何在理论上消除阶级斗争对资本主义制度的威胁，为剥削制度辩护，就成了资产阶级经济学家们的首要任务。庸俗经济学开始逐渐代替古典经济学成为资产阶级经济学理论的主流思想。在生产理论方面，出于狭隘的阶级利益局限，资产阶级庸俗经济学家开始逐步背离古典学派在研究方向上早已实现的转变。李嘉图之后的庸俗经济学的全部倾向是放弃对资本主义生产关系的探讨，或者说，把政治经济学的范围又恢复或缩小到抽象于一定社会生产方式的交换关系。排除、否认矛盾，和谐化、美化资本主义生产方式，成为了资产阶级经济学的全部智慧。此后，辩解的意图代替了科学的探讨，时代的要求为近代生产理论研究的变革和发展提出了新的任务。

（四）对古典政治经济学生产理论研究的批判与超越

在马克思所生活的时代，落后的、封建宗法式的生产方式已被资本主义机器大工业生产体系所取代，自由竞争的资本主义生产方式已经普遍确立起来。随着工厂制度的日益广泛推行，国内和海外市场不断开拓与扩张，社会生产力获得极大提高，资产阶级社会财富神奇般地迅速增加。机器化的大生产，在创造出比历史上更多的物质财富的同时，也建立起全新的社会关系。随着资本主义生产关系的日益巩固，其建立在财产私有制和雇佣劳动基础上的资本运作的内在矛盾也不断显现出来。曾经被资产阶级经济学家所极力赞扬和称颂的自由竞争逐渐被垄断组织破坏；曾经被古典政治经济学家所推崇的增加国民财富的有效途径变成了资本家贪婪逐利的手段。随着资本主义大工业的发展，资产阶级和无产阶级的矛盾逐渐凸显并上升为主要矛盾，无产阶级反对资产阶级的斗争也从经济领域延伸到政治领域，变得日益尖锐与复杂。在这种条件下，资产阶级经济学为了维护资本对劳动的统治，维护本阶级的利益，逐渐背离了古典学派在生产研究方向上所实现的转变（从流通过程转向生产过程），把研究范围又恢复或缩小到抽象于一定社会生产方式的交换关系，走向了庸俗化。如何科学地理解和研究生产问题，就成为马克思时代的一个重要的理论和现实课题。

生产问题进入马克思的理论视野，始于他在19世纪40年代开始的政治经济学研究。早在1844年春天，马克思就产生了为无产阶级创作一部《政治和国民经济学批判》的巨著的想法，并为此开始了多年的收集资料和做摘录笔记的工作。1859年，马克思出版了《政治经济学。第一分册》。这部著作是在他的《1857—1858年经济学手稿》的基础上完成的。这部著作的写作体例是在每个理论部分的最后都附有一个相关理论史的附论。如在其中的《商品》章后面附有一节《关于商品分析的历史》；在《货币》章的最后附有一节《关于流通手段和货币的学说》等。在1862—1863年写的《剩余价值理论》中，马克思更是用了大量篇幅对资产阶级经济学家的利润、地租、利息等概念及相关理论进行认真研究，对于生产劳动和非生产劳动的区分、精神生产与物质生产的关系等问题也进行了深入的分析和批判。概括起来说，马克思主要在以下几个方面实现了对古典政治经济学的超越，从而把生产的研究纳入了一个更宽广的社会历史视野当中。

1. 现实的生产主体对理性经济人的超越

古典政治经济学家将资本主义生产方式绝对化，以及他们对资本主义的非批判态度，使他们在生产问题上存在着严重的忽视生产的主体——人的研究的错误倾向。马克思则强调了"现实的个人"的生产主体地位，在这一问题上实现了对资产阶级政治经济学的超越。

在《国富论》中，斯密首次真正确立了理性经济人的原则。他认为具有理性的个人的行为受利己心所驱使，个人谋求其私利最大化的行为在客观上会对社会做出无心但可观的贡献。斯密将"理性经济人"作为其理论体系的基本立足点，这也成为其经济思想的核心。同时，他将实证科学运用到经济学理论框架的构建当中，运用逻辑抽象和演绎的方法进行经济学研究。按照理性经济人的原则进行推断，在自由竞争的资本主义市场经济中，生产的主体恰恰是以完全追求物质利益为目的进行经济活动的理性经济人。社会生产主体在主观上不断追求着自身利益最大化，在客观上却像受一只看不见的手的支配，在不知不觉中起到有利于他人和社会的良好效果，从而推动社会的进步。建立在"理性经济人"假说基础上的古典经济学以人的利己心动机和自私谋利行为出发，把资源稀缺作为理论的前提条件。这使得以后的资产阶级经济学家开始主要关注分配领域的研究，重点思考如何"实现资源优化配置"的问题。事实上，从人的自利动机和行为出发研究经济现象，只是为了方便分析问题寻找到的一种工具。但这也就为以后的西方经济学坚持物本主义的研究倾向开辟了道路。在这里，人只是作为生产财富的要素而存在，而非生产的真正主体。所以在研究的方向上仍然是"重物"而"轻人"，忽视甚至漠视了人的主体能动性和创造性。这一假设因缺乏社会历史性的视角，片面追求经济利益最大化，往往导致研究仅仅停留在物或物与物的关系上，仍然不能摆脱物的外观的迷惑，也终将无法对社会经济现象给出合理科学的解释。所谓理性经济人的"理性"事实上体现的是资本的"理性"，是资本所有者——资产阶级的"理性"，而所谓的利益最大化则更多地强调的是资本增殖的最大化，即资产阶级对剩余价值的追求的无限最大化。它实际上将现实生产活动中真实具体的主体——工人等同于机器和工具等生产要素，尽管古典经济学家里也有一些人在研究财富的生产和分配问题时，看到了人的重要意义，如，穆勒、汤普逊、西斯蒙第等，然而，总的来看，古典经济学家普遍对财富的重视程度超过了人本身。追求利润最大化、增加社会财富成为经济学研究的重点，生产者在生产过程中的主体地位，以及人们相互之间的社会关系不仅不是研究的重心，而且全都被冷冰冰的利己主义理性考量和单纯的经济实证分析所掩盖。对此，马克思在《1844年经济学哲学手稿》中曾对李嘉图严重忽视生产主体人的赤裸裸的资产阶级经济理性思想观点进行了批判。在李嘉图的眼中，人完全被看成消费和生产的机器，国家被完全工场化，人的生命被资本化。"在李嘉图看来，人是微不足道的，而产品则是一切。"① 这样一种见物不见人的理论态度是不可能真正关注现实的生产主体并发现人与人之间的真正关系的。

早在写作《巴黎手稿》时期，马克思就对古典政治经济学肯定私有制永恒性的立场和对工人生活漠不关心的态度及观点十分不满。马克思曾指出，"在被国民经济学作为前提的那种状态下"，劳动的实现"表现为工人的非现实化，对象化表现为对象的丧失和被对象奴役，占有表现为异化、外化"。② 因此，理性经济人的原则并不是像古典经济

---

① 《马克思恩格斯全集》第3卷，人民出版社2002年版，第32页。

② 《马克思恩格斯全集》第3卷，人民出版社2002年版，第52页。

学家所说的那样天然而成、完美无缺，这一原则在历史实践中的真实表现却是，资本主义社会中实际的人对人的不平等和利益上的两极分化。在初次研究政治经济学的过程中，马克思正是以"工人生产的财富越多反而越贫穷"这一经济事实作为自己研究的出发点，开始尝试对异化劳动产生的根源进行分析。

在新的历史观指导下，而且经过经济学的研究，马克思对生产主体人的理解愈加成熟。他既不是从抽象的理念，或所谓的共同的人性出发，也不是像古典经济学家那样从单纯的"理性经济人"着眼，而是着眼于人们的物质生产实践，从社会历史的客观现实出发，透过复杂的社会表象来总结提炼人的内在本质。个人既是单一的个体，也是处在一定社会阶层划分和社会普遍联系当中的非独立的个体，一定的社会关系正是个体的生存状况。在马克思看来，生产的主体是指在一定社会关系下从事物质生产的、作为历史起点的"现实的个人"，作为一种生命存在，人势必生活在一定的物质生活条件下，必然与包括自然的和人化的社会生存环境发生各种各样的关联。也即是指从事着生产实践活动、总是处于社会交往中并同社会历史生活结合在一起，有着多样的需要和自身的历史生成过程的现实的人。然而以斯密和李嘉图为代表的古典经济学家们，把孤立的个人理解为生产的主体和物质生产的起点，也就是他们的经济学体系的逻辑起点。在他们看来，生产是从孤立的个人开始，再自然而然地逐渐发展到社会化大生产。马克思指出，这种"鲁宾孙式"的孤立的个人其实是一种"缺乏想象力的虚构"①。真实的情况是，社会生产中从事现实生产劳动的个人才是真正的出发点。"我们越往前追溯历史、个人，从而也是进行生产的个人，

---

① 《马克思恩格斯全集》第30卷，人民出版社1995年版，第22页。

就越表现为不独立，从属于一个较大的整体。"①

而古典经济学家的"理性经济人"则把人的求利动机当作人的天性，割裂了个体和社会的有机联系；同时，把资本主义社会秩序看成是"永恒的自然秩序"，把历史看成财富的积累和变化，把资本主义社会作为历史的终结点，从而用"自然"割断"历史"。例如，在斯密等古典经济学家那里，人在生产中的定位是依从于资本的，从斯密对工资的理解可以看出他对人在资本主义生产中地位的看法。斯密认为劳动需要三件东西：材料、工具、工资，三者都是资本。于是，劳动本身不见了，作为生产主体的劳动者也不见了。尽管斯密曾多次谈到人的自然倾向、本性、性格等，但并未把劳动者真正当作处在具体社会关系中现实的个人来看待，只是看作和资本、生产资料、工具和牲畜等同等重要的生产性因素，作为生产因素，劳动者就只有在促进资本的生产和财富的增加时才有真实的意义。斯密更多注意到的是作为孤立的个人在心理和情感层面的特点，完全从技术感性的角度研究单个人的心理与行为，而没有看到在经济活动中所呈现的社会关系，将个人在特定社会生产关系中的地位这一本来最为重要的因素滤掉了。而社会历史整体视野和根基，正是马克思生产研究得以茁壮成长的土壤，正是如此，才使得马克思的生产批判能真正走出资产阶级意识形态。马克思"现实的个人"的丰富内涵彰显着对"经济人"的批判价值。他关注现实的生产主体，从"现实的个人"出发剖析资本主义生产关系的内在本质，从而揭示了现存社会制度灭亡的历史与逻辑必然性。

2. 现实生产的历史进程对经济范畴推演的超越

尽管古典政治经济学家通过各种经济范畴的分析，研究了财富的生产和分配问题，但由于缺乏历史深度，在研究资产阶级社会内部联

---

① 《马克思恩格斯全集》第30卷，人民出版社1995年版，第25页。

系时，他们只注意于各经济范畴之间数量关系的分析，却忽略了对它们之间社会关系本质层面的考察。从而使其研究仅仅停留在静态的概念推演，难以深入现实的动态生产过程。出于狭隘的阶级局限性，古典政治经济学家们把资本主义自由竞争的经济制度看成是人类社会自然、永恒的社会制度。又由于缺乏现实层面生产活动的具体的、历史的考察，资产阶级经济学家往往从概念到范畴，进行抽象的逻辑推演。这种推演看似具有普遍适用性，但事实上因为脱离具体的生产条件限制，只能是一种抽象的空谈。马克思认为，经济范畴只是现实的社会生产关系在理论上的表现，因此如同它所表现的生产关系一样，经济范畴也并非永恒不变和永久存在的，同其反映的社会生产关系一样具有历史性。

由于对生产过程缺乏历史考察，因而古典经济学派往往忽视对价值形式、商品形式及其进一步发展的货币形式和资本形式等价值形式的特殊性的分析和研究，对此，马克思早就提出了批评。由于对经济范畴的理解缺乏辩证思维，资产阶级经济学家把剩余价值与其特殊表现形式混为一谈，并用特殊、个别代替甚至混淆一般。正如马克思在《剩余价值理论》"总的评论"中写道的："所有经济学家都犯了一个错误：他们不是纯粹地就剩余价值本身，而是在利润和地租这些特殊形式上来考察剩余价值。"① 马克思还曾说道："古典政治经济学的根本缺点之一，就是它始终不能从商品的分析、特别是商品价值的分析中，发现那种正是使价值成为交换价值的价值形式。恰恰是古典政治经济学的最优秀的代表人物，像亚当·斯密和李嘉图，把价值形式看成一种完全无关紧要的东西或在商品本性之外存在的东西。这不仅仅因为价值量的分析把他们的注意力完全吸引住了，还有更深刻的原因。劳动产

---

① 《马克思恩格斯全集》第33卷，人民出版社2004年版，第7页。

品的价值形式是资产阶级生产方式的最抽象的、但也是最一般的形式，这就使资产阶级生产方式成为一种特殊的社会生产类型，因而同时具有历史的特征。因此，如果把资产阶级生产方式误认为是社会生产的永恒的自然形式，那就必然会忽略价值形式的特殊性，从而忽略商品形式及其进一步发展——货币形式、资本形式等的特殊性。"[①]

3. 社会历史的整体性思维对狭义经济学语境的超越

由于受当时流行的各种哲学观的影响，古典经济学在研究生产问题时，仅仅拘泥于狭义的经济学，离开生产关系来讲生产，缺乏社会历史的整体性思维。古典经济学在政治经济学研究中持有一种非历史的观点，研究只局限于资本主义生产方式的范围，把资本主义生产关系当作一般的生产关系，不能从中发现资本主义生产方式的特殊性，进而认为政治经济学作为一门"新的科学不是他们那个时代的关系和需要的表现，而是永恒的理性的表现"[②]。马克思从不断发展的生产力和其制约的不同生产关系两者的关系出发，对于生产关系一定要适合生产力性质的规律做出经典式的说明，并由此指出在社会发展的每一个特定的历史阶段，人类的生产活动只能在一定的生产关系下进行，从而第一次确认生产关系对于政治经济学的全部意义。而只有将生产纳入一定的生产关系中来考察，才能将社会性与历史性统一起来。生产关系的社会性重点体现在，研究生产时，把生产所处的社会看作始终运动发展着的活的有机体，有机体的各个社会要素并不是简单机械地随意组合在一起，而是有机地构成一个整体。要研究这个机体就必须对组成该社会形态的社会关系进行客观地分析，必须对该社会形态的活动规律和发展规律进行细致的研究。生产关系的历史性则主要表现

① 马克思：《资本论》第1卷，人民出版社2004年版，第98—99页，注（32）。
② 《马克思恩格斯全集》第20卷，人民出版社1971年版，第165页。

为社会经济的发展是一个前进和上升的运动，是一个由旧形态、由简单到复杂、由低级到高级的过程。

经济学的理论视域是马克思借以深化历史观形成并进入生产研究的重要空间，但是，马克思并没有停留在这一有限的视域中，而是借助经济学而又跳出经济学的学科局限，将生产研究纳入更广阔的历史和哲学视野来加以研究与辨析。马克思在《〈政治经济学批判〉导言》中明确将一定社会性质的"物质生产"看作其研究的出发点，[①]而在《资本论》第一版序言中更加清晰地表明"资本主义生产方式以及和它相适应的生产关系和交换关系"[②]是研究的对象。可见，同样是立足资本主义社会生产的背景，与古典政治经济学家不同的是，马克思没有将生产局限在增加产品和社会物质财富的范围，而是把资本主义生产方式作为一个整体，将其纳入一个总体性的大视野中来进行研究。以分工为例，马克思并非单纯孤立地对社会分工做简单的实证研究和纯粹技术性的数据分析，其思想深刻之处就在于他"是把分工放在特定的历史环境中，结合一定的社会生产关系，研究其社会历史特征、功能、意义及对人的发展的影响"[③]。马克思的生产概念坚持一种总体性的方法，就是不能以单纯的自然或经济因素来解释生产，也不能以孤立、静止的眼光抽象地来审视生产，而是要在关系中、过程中和系统中动态地把握生产，对人类的社会生产进行整体全面的理解和把握。马克思生产概念的这种特性就使得他能够在研究生产问题时真正跳出经济学学科框架，超出当时资产阶级经济学理论视野，走出物的局限。

要对资本主义社会实现有力的批判，仅仅通过概念或话语的批判

---

① 《马克思恩格斯选集》第2卷，人民出版社1995年版，第1页，

② 马克思：《资本论》第1卷，人民出版社2004年版，第8页。

③ 参见章志红：《马克思分工思想超越启蒙的自由论域》，载《长白学刊》，2015年第6期。

是无法真正完成的，只有通过对社会现实的批判才能得以实现。马克思主要借助对资本主义生产方式内在矛盾的揭示与分析来对资本主义社会进行人体解剖。从生产力不断演进和发展的历史进程来看，资本主义社会的出现，并非天然而成，也非一种偶然现象，它既是历史发展的必然，又必然会为新的历史发展环节所取代，同时成为历史超出这一环节的限定性和物质基础。在这里历史阐释与社会批判实现了有机的统一。在马克思看来，"生产是总体"[①]。生产的这种总体性不仅体现在生产的内容上，还体现在生产的过程和环节及其社会功能上。就生产内容而言，它强调生产是社会生活中全面的、连续不断的实践活动；作为一种理论方法，它强调一种在关系、过程和系统中来研究和把握生产的总体性方法；在理论功能上，它既是探寻历史源头的重要理论工具，又是对资本主义社会进行批判的基点和中介，更体现着对人的自由全面发展的深层价值诉求。这三方面紧密联系，统一于马克思的总体生产观。[②] 这种总体性的方法，不是用单纯自然的或经济的因素孤立地、一成不变地来看待生产，而是要用辩证的态度来整体地审视，在关系中、过程中和系统中动态地把握生产。马克思在生产研究中的这一特点，使得他能够超越资产阶级经济学的学科束缚，不拘泥于物的视角，凸显出人的主体价值。

① 《马克思恩格斯全集》第30卷，人民出版社1995年版，第27页。

② 参见覃志红：《马克思总体生产思想研究》，人民出版社2002年版，第23—24页。

第三章　生产的自由论域与价值旨向

从生产研究的初衷和主题演进的历史过程来看，马克思在对生产问题展开研究的同时，也在不断清理着自己的哲学思想和理论认识，逐渐完成了其哲学观的变革和唯物史观的创建。同时，马克思在生产劳动发展史中找到了理解全部社会历史的钥匙，并对资本主义社会生产展开了深刻的政治经济学批判。纵观这一历史进程，可以发现马克思并非为生产而研究生产，研究生产是以服务主体人为根本任务，每一次生产研究主题的转换，都始终蕴含着为人类的自由解放和全面发展而奋斗的根本价值诉求。也正是因为有着历史观和价值观的有力支撑，马克思在对资本主义社会现实的政治经济学研究过程中，才能够借助经济学的视野，同时又跳出经济学的学科和方法局限，使得历史唯物主义的哲学内涵在对资本主义社会现实生产的经济批判中得到了深化与发展。马克思生产理论不仅是哲学研究和经济学研究相互结合、相互促进、并与历史现实密切结合的理论产物，而且具有鲜明的政治意蕴与价值旨向。为人的自由全面发展寻找解放的道路，始终是马克思生产理论不变的、更不能忽视的理论主旨，而这也正是马克思所开创的以"改造世界"为理论宗旨的哲学革命的根本价值旨归。

一、超越启蒙的自由实现之路

马克思自幼生活在浓厚的资产阶级自由主义思想氛围中，不可避免受到近代欧洲启蒙思想传统的浸润。近代欧洲思想史上的启蒙运动以"理性"与"自由"为思想符号，内容丰富、影响广泛，以其对传统的批判促进了现代性的生成，标志着人的成熟和主体性的觉醒。曾经被启蒙思想家所推崇的理性与自由，随着资本主义生产方式的普遍确立，更多地表现为经济理性和经济自由，并以资本贪得无厌的无限增值的欲望和工人劳动者在社会生产的片面分工中产生的劳动异化等极端形式予以呈现，资本家阶级和工人劳动者之间的关系也变得日益紧张，劳资矛盾和斗争日益复杂和激烈。这一时代背景就成为马克思对现代社会认识的开始。追寻自由，渴求真理，高扬理想，立足劳动工人的立场对不合理的社会制度进行无情抨击，成为马克思这时鲜明的人文诉求。

马克思也一度追随启蒙，后来又崇尚黑格尔的理性主义国家观，然而当自由的向往和崇高的理论遭遇严酷的现实时，马克思逐渐体认到启蒙主义和理性哲学在面对物质利益拷问时变得异常空洞和缺乏战斗力，启蒙理性之"应当"难以真正地规定和制约利益关系之"现实"，事实上，号称普遍理性的法和国家不过是维护统治阶级私利的工具，在物质利益面前，崇高而空泛的思辨理论不是走向神秘就是变得不堪一击。从《博士论文》到《莱茵报》时期，马克思对自由的追寻集中体现在宗教批判和政治批判当中，试图从信仰上和政治上来进行论证。随后，马克思从《莱茵报》时期的政治实践中认识到，现实的政治与法律同理想的国家理念之间存在着巨大的反差，只在精神领域寻找自由显然仅是一种幻想。如何解释和扬弃由国家理念与现实的反差带来的政治异化成为困扰马克思的理论难题。为了解决令其苦恼的疑问，马克思首先开始了对黑格尔法哲学的批判性的分析。这样，马克思从历史发生学的逻辑视角将黑格尔颠倒的逻辑进行了唯物主义的反转，开始从根本上告别理念哲学。

正如恩格斯在《卡尔·马克思》一文中所评论的："马克思从黑格尔的法哲学出发，得出这样一种见解：要获得理解人类历史发展的锁钥，不应当到黑格尔描绘成'大厦之顶'的国家中去寻找，而应当到黑格尔所那样蔑视的'市民社会'中去寻找。"① 马克思研究生产问题是从学习、继承、批判古典政治经济学开始的。与此同时，他虽然沿用了"生产"这一概念，却在历史视野下对生产诸问题进行了深刻反思，通过实践哲学观的确立和历史辩证法的运用，建构起独特的生产理论，同时在生产与自由之间探索出一条具体的现实之路。

通过《巴黎手稿》时期最初的经济学研究，马克思开始从国民经济学的视角进一步解析市民社会，并从人"自由的有意识的活动"的类本质为导引，来剖析劳动的异化。在《1844年经济学哲学手稿》中他把"富有的人"或"全面的人"作为人类社会发展的自由目标。随着新历史观的形成，在马克思恩格斯新世界观形成的标志性著作《德意志意识形态》中马克思摆脱了《1844年经济学哲学手稿》中抽象的人本主义价值悬设，明确将"直接生活的物质生产"确定为新历史观的出发点，并用"物质资料生产""新的需要的生产""人类自身生命的生产"以及"社会关系的生产"这四重原初的历史关系以及"精神生产"这一原初历史关系的产物来全面地理解和把握生产、历史和现实的个人。马克思进而提出"对生产工具一定总和的占有，也就是个

---

① 《马克思恩格斯全集》第16卷，人民出版社1965年版，第409页。

人本身的才能的一定总和的发挥"①，真正开始把人的自由全面发展目标
与生产紧密而具体地联系起来。并使自由的追寻彻底告别了思辨哲学。

在《德意志意识形态》中，马克思明确地将现实生活当作科学研
究的起点和自由与实现的真正场域，与思辨哲学彻底划清了界限。"思
辨终止的地方，即在现实生活面前，正是描述人们的实践活动和实践
发展过程的真正实证的科学开始的地方。关于意识的空话将销声匿迹，
它们一定会被真正的知识所代替。对现实的描述会使独立的哲学失去
生存环境，能够取而代之的充其量不过是从对人类历史发展的观察中
抽象出来的最一般的结果的综合。这些抽象本身离开了现实的历史就
没有任何价值。它们只能对整理历史资料提供某些方便，指出历史资
料的各个层次间的连贯性。但是这些抽象与哲学不同，它们绝不提供
适用于各个历史时代的药方或公式。相反，只是在人们着手考察和整
理资料的时候，困难才开始出现。这些困难的克服受到种种前提的制
约，这些前提在这里根本是不可能提供出来的，而只是从对每个时代
的个人的实际生活过程和活动的研究中得出的。"②

随后马克思和恩格斯在《共产党宣言》中展望"每个人的自由发
展是一切人的自由发展的条件"③，《1857—1858年经济学手稿》中明确
地把未来社会描绘成"建立在个人全面发展和他们共同的、社会生产
能力成为从属于他们的社会财富这一基础上的自由个性"④。这时马克思
已经将从抽象到具体的辩证法作为指导思想应用到关于生产的研究当
中。通过从现实的具体到思维的抽象，再从思维的抽象到思维的具体
这两个环节，马克思进而将历史阐释与社会批判有机地结合在了一起。

① 《马克思恩格斯选集》第1卷，人民出版社1995年版，第129页。
② 《马克思恩格斯全集》第3卷，人民出版社1960年版，第30—31页。
③ 《马克思恩格斯选集》第1卷，人民出版社199年版，第294页。
④ 《马克思恩格斯全集》第30卷，人民出版社1995年版，第107—108页。

而在这一过程中，马克思始终没有放弃理论的价值旨向，只是随着理论和实践的深入，马克思深刻地认识到，现实的人的自由及其实现绝不仅仅是个纯粹理论和逻辑概念的问题，这只能是也终归要落实到活生生的现实实践之中。

马克思从现实的生活世界中抓住了问题的根本，即处于特定的社会历史条件下具体生产关系中的现实的个人。他的活动和产品伴随物质生产的始终，同时也成为人类全部生活（物质生活和精神生活）的中介。人在与自然环境进行物质交换、满足自身生存需要的过程中，相互间结成自然的物质联系。其中既有人们在物质生产过程中结成的生产关系，也有人们在其他活动（包括精神生产和社会交往）中结成的社会联系。人们就是在这种普遍的社会联系中生产、生活，形成互相全面的依赖，并借此谋求自身的发展乃至实现个人的自由。这种社会关系最初表现在家庭中，随着需要的发展和地域性的血缘亲族关系的打破，它开始更多地表现在市民社会和国家中。在商品社会，这种社会联系则更多地体现在交换价值上，每个个体通过交换价值，使自己的活动或产品转化成为社会的活动和产品。而同时，成为交换价值或货币所有者的个人也就拥有了支配他人活动或支配社会财富的权力。一切产品和活动转化为交换价值，既要以生产中人的（历史的）一切固定的依赖关系的解体为前提，又要以生产者互相间的全面的依赖为前提。既要依赖于其他人的生产，同时，他的产品转化为他本人的生活资料，也要依赖于其他一切人的消费。同样的，人要从现实生产异化中解放出来，也无法脱离其现实的社会联系。其主要体现就是人们在社会物质资料生产过程中相互结成的生产关系，以及在生产关系基础上形成的一定的政治关系和思想关系。而且随着生产力的极大提升和人与人之间交往的普遍化，这种社会联系将更加广泛也愈加密切。它既是人们生存发展所依赖的客观条件，也是人们实现自由的现实凭借。如何使这一现实凭借真正成为每个人自由发展的条件而不是仅仅成为异化的束缚，也就是马克思致力于思考和解决的根本问题。

随着他把人和世界从精神中解放出来，摆脱了思辨唯心主义体系，从而真正地使现存的世界革命化，使真理回归人间，马克思就开始为每个人的自由全面发展成为一切人的自由全面发展的条件寻找到了一条现实变革之路。

"哲学家们只是用不同的方式解释世界，问题在于改变世界。"① 综观马克思这一思想发展历程，可见从价值目标及其实现途径上看，他经历了一个从争取人的"精神解放"到"政治解放"，再到通过现实的人的生产实践实现"全人类解放"的思想发展历程。而马克思关于生产的思想和观点在这一价值目标的设定与实现之路的探索过程中发挥着极其重要的作用。

二、划界、分工与自由

马克思摆脱了理性哲学的束缚，为自由的实现找到了生产实践的根基，并在经验事实和超验价值之间保持着一种适当的张力。在这里，并不是简单地在生产现实与自由之间划一道鸿沟，各自遵循各自的规律，自说自话；也不是用一个抽象的生产概念来统领一切，只求在思想和观念层面上消除客观现实与理想自由之间的分疏与距离。这里，我们着重尝试通过对划界、分工与自由的关系的阐发深化对马克思生产理论的自由论域的理解。

---

① 《马克思恩格斯选集》第1卷，人民出版社1995年版，第57页。

（一）划界与自由

近代科学的兴起，赋予了人类更强的揭示自然奥秘进而改造自然的能力，人的主体意识开始觉醒，启蒙唤起了人们对理性和自由的追求，也产生了对理性和科学的盲目信仰。独断论对理性的无批判性态度，以及怀疑论对理性的断然否定，都使得哲学的发展陷入困境。在对主体进行认真反思的过程中，康德独辟蹊径，开创了"对象依照知识"的主体性哲学，通过对两个领域、两种理性、两种能力的划界在哲学领域发起一场"哥白尼式"革命，也通过"划界"为自由和价值找到实现的空间。

"理性"与"自由"不仅是整个启蒙运动的重要思想符号，也在康德的启蒙思想中占有突出的地位。"必须永远有公开运用自己理性的自由，并且唯有它才能带来人类的启蒙。"[1]康德进而强调，启蒙运动除了自由以外不需要任何别的东西。而康德启蒙思想一个很重要的特点就是"划界"，他以现象界和物自体的界分为前提，进而区分自然和自由，同时将理论理性与实践理性进行划分。康德敏锐地洞察到，近代唯理论者由于将自由局限于认知领域，最终导致自由的缺失，康德则将自由转向实践领域，他强调实践理性的优先性，认为只有在实践领域，自由才能获得积极的意义。当然，需要指出的是，实践在康德的理论中与马克思所理解的实践并不完全相同。他将实践区分为"技术地实践"与"道德地实践"，二者之间的鸿沟体现的是"自然"与"自由"的对立，只有在以理性为依据的原则层面上两者才有可能沟通。而康德所指的实践主要是指人的伦理道德行为，因此，所谓的自由其实更主要的是纯粹理性在伦理道德上的表现。

---

① [德]康德:《历史理性批判文集》，何兆武译，商务印书馆1990年版，第25页。

　　"物自体"是康德划界思维的逻辑预设前提。他把对象区分为意识之内的对象和意识之外的对象两种，前者属现象界，是可知的，而后者则是物自体，是不可知的。世间万事万物，都是具有确定规定性的某事某物。康德承认在我们之外有物体存在，我们只能由它们作用于我们感官时在我们意识内所产生的表象——现象而感知其存在，但对其本身究竟是什么样子却是不能知晓的。在物自体与感官的关系中，康德实际上是把物自体当作感官能够活动起来的一种外在条件来处理的。康德主张存在的物与我们感知到的物是两种不同的东西。外物的很多属性并不是属于自在之物本身的，而是仅仅属于自在之物的现象，这些属性在我们的表象之外并没有单独的存在性，但这样说并不影响外物的实际存在性。

　　在他看来，物自体为人类知识（或者说是认识能力）划定了界限，这也是科学知识不可逾越的界限。而现象则源于物自体。康德从现象界分析出经验直观和纯粹直观，他指出，知识只是关于现象的知识，只能来源于经验，现象是主体认识形式与其客体经验的统一。随着现象界与物自体的划界，也就使自然和自由两大领域进而区分开来，其意义在于分别承认两个领域具有各自的法则：现象界就是自然科学家所理解的外部世界。知识的普遍性和客观性可以遵循现象界自身的规律得以确立。康德明确宣布知性（即通常所说的理性）的对象是确定无疑的，对于自然界规律性的普遍认识是成立的，这样就推翻了休谟否定科学知识具有普遍真实性的怀疑论观点。在此基础上康德建构起其整个批判哲学，并将理性与自由衔接起来。他认为，自由不可能在经验领域实现，因为适用于现象界的理论理性具有局限性；自由的真正实现只能在实践领域。适用于物自体的实践理性拥有更高的地位。"倘若人们还想拯救自由的话，那么只余下一种方法：将只有在时间中才能决定的事物，从而也把依照自然必然性法则的因果性单单赋予现象，却把自由赋予作为物自身的同一个存在者。"①

可见，康德为现象界和物自体划界，其实打破了知识和价值的关涉。一方面，他通过划界为科学知识划定界限，把科学知识限制在感官世界范围内，这也就在承认和正视人的有限性前提下确认和强调了人的主体性，成功地确立起"人为自然立法"；另一方面，他又通过划定科学知识界限的方式为道德、信仰、形而上学等留出地盘，使主体认识对未知的领域保持谦虚的态度，容忍异己认识的存在，以"为自己立法"的方式凸显自由意志的地位。其积极意义就在于理性地对待理性自身，以一种积极的界限态度，发挥主体能动性，领悟人的存在意义，从而为理性和自由开拓更广阔的空间。这种划界"喻示的正是现代社会的分裂，表明科学技术与人文理想之间的矛盾已经在哲学形态中出现，这在一定意义上正是对现代性的初步诊断"②。康德借助划界思维，反思欧洲启蒙运动，开启了启蒙思想的新视野，也推进了哲学的现代化，使认识论哲学开始朝着实践论或存在论转换。在康德的视野里，哲学的使命即为理性划界，就在于其批判性与反思性，承认人认识的有限性、具体性和有条件性，从而帮助人们摆脱权威束缚，克服成见，保持思想的独立和自由。

康德的划界思维，真正解构了本体论思维方式，它在调和经验论和唯理论矛盾的同时，也带来了主体与不可知的自在之物之间更大的矛盾。认识形式的"先天性"必然导致认识结果的相对性。人类理智超越了主体认识条件只能无所作为。有限主体性的认识使他最终得出了

---

① [德]康德：《实践理性批判》，韩水法译，商务印书馆1999年版，第103—104页。

② 夏林：《康德作为两种现代性理论的源头——从"物自体"看现代性及其初始可能》，载《社会科学辑刊》，2008年第6期。

主客体分裂的结论，为理性划定了一条永远不可逾越的鸿沟。康德的划界，导致价值与认识论剥离，这就给实证主义以可乘之机，也就使科技与人文的分野在知识论层面成为可能。西方思想界在康德之后集中呈现出科学主义与人本主义的冲突，理性与自由的分离，进而表现为科学思维方式和哲学思维方式的对立。

尽管康德没有真正解决人的自由问题，但其自由观的实践论转向为近代正统理性主义自由观的形成奠定了基本方向。没有康德的这一转向，就没有后来黑格尔的辩证理性的超越性，也就没有马克思基于感性实践活动的自我超越性而对人的本质和自由的辩证的历史的解答。

（二）划界与分工

作为启蒙思想家，康德的划界思维打破了知识和价值的关涉，将主体自由与普遍理性在先验意识的基础上统一起来，从而凸显了人的主体性。康德在划界的同时明确了知性和理性的不同对象和适用条件，也即明确了理论的论域。划界本身不是目的，实质是对理性和现实并重，从而超越认识和实践的有限性。这些方面对马克思的分工研究有一定启迪。

任何思想都是时代的产物，不可避免会打上时代的烙印。康德所处的时代是资本主义确立及其上升时期，高扬人的主体精神就成为时代的主题。马克思生活在自由资本主义时期，随着资本主义生产方式的普遍确立，原来为启蒙思想家所推崇的理性与自由更多地表现为资本贪婪的逐利性和人在生产分工中的异化，资产阶级与工人之间的矛盾与斗争日益复杂和尖锐化。马克思对现代社会的认识就从这一时代背景开始。

严格地说，马克思的思想发展历程中并不存在一个清晰的康德思想时期，在马克思的著作中对康德进行的专门评论也相对较少。但从马克思的家庭背景、学生时代及其早期思想发展来看，马克思不可避免会受到近代欧洲启蒙思想传统的浸润。康德的划界思维也对马克思产生了一定的影响，特别是在对分工的研究中，马克思吸收和借鉴了康德划界的思维方法，并随着对自己思想的不断清理、对现实生产实践的考察及其理论研究的日益深入，马克思逐渐认识到启蒙理性和划界原则在现实物质利益面前的软弱无力，他以分工为思想节点，进而实现了对划界与启蒙思想的超越。

在自由问题上，马克思不赞成康德将现象界与本体界割裂开来，把自由推向了可望不可及的彼岸，但他又继承了康德关于实践哲学（本体论）优于理论哲学（认识论）的基本思想，并创立了历史唯物主义，在本体论领域里发动了一场划时代的变革。

1. 承认主体有限性

抛开其先验性的局限性，为理性划界，既是对人的主体性的凸显，又是对人类自身有限性和独立他者的承认，这恰恰是社会分工与协作的现实前提。

康德所发起的"哥白尼式"的哲学革命以人的先验意识的优先性和主观能动性为重心，强调这种提供先天知识原则的能力就是理性，而包含完全先天知识原则的理性就是纯粹理性。康德基于以往人们关于理性的客观性源于经验的传统认识，为解决笛卡尔所提出的知识的最终确定性何以可能的问题，提出必须把普遍必然的理性归于主体的先验构造，把经验意识转向先验意识。在他看来，先验意识是先天的，不必受制于经验，这样就可以摆脱经验对象的局限性。这样，主体的自由与普遍性的理性就在绝对性的先验意识的基础之上统一起来了。主体与客体的统一问题就被纳入主体的能动性活动中来加以讨论。人的主体性也因而凸显出来。尽管这里的主体还明显带有先验唯心主义的倾向，但启蒙运动否定神性而肯定人的个体价值的基本思想也就在划界中得以彰显。康德把认识论从以往以客体为中心拉回到了以主体为中心的轨道，这就为马克思关于"感性的人的活动"和主体实践的研究提供了思想资源，也启发马克思借助个体与他人的生产实践关系探索超越人的有限性的现实途径。

分工并非从来就有的自然存在，它源于人的感性活动，是历史发展的产物。在人类的原初状态并不存在分工。客观存在的"现实的个人"是立足生产的实践主体，也是分工的真实主体。人类自身的有限性使得人类的生产活动从一开始就具有社会性，由于人的能力和需要等自然差异产生了简单的生产协作。这种协作一定程度就开始形成较为固定的专业划分，这就是通常所说的分工。从基于生产的自然因素的自然分工到由社会因素决定的社会分工，生产劳动的形式也从不同的具体劳动统一在一个主体身上，演变成不同劳动者承担不同种类的生产，再互相协作形成一个生产总体。在这个生产总体中，有限理性人就借由社会分工组成一个理性的集体。社会分工促进了人的生产活动的专门化、高效化和规模化。"受分工制约的不同个人的共同活动产生了一种社会力量，即扩大了的生产力。"[①]

2. 明确论域与分层

明确论域、区分不同种类的分工以及问题的不同层次，使研究的主题更加清晰，这正是分工研究的理论前提。

康德的划界思维实际上也是对科学方法使用范围的界定，即主张根据不同领域的内在要求运用不同的把握方式，强调知性的把握方式在特定领域的合法性，防止其在其他领域无收敛地泛化使用。康德明

① 《马克思恩格斯选集》第1卷，人民出版社1995年版，第85页。

确了知性与理性的不同对象，指出前者的对象是有限的、有条件的，后者的对象是无限的和无条件的。这种划分极大地推动了各领域的专业化，同时也促进了主体思维的发展。经过康德批判哲学的洗礼，西方近代哲学变得更加精细了。几乎是同时期的古典政治经济学集大成者斯密也在其经济学研究中运用划界思维，将其关于生产、分工的研究限定在政治经济学的学科范围内，赞成细分专业和精细化研究，进而被公认为现代经济学的鼻祖。

明确理论研究的前提和论域在马克思对分工的研究中亦有体现。马克思区分了三种形态的分工问题：作为现实的社会实践活动形式的分工、作为经济学或哲学范畴的分工及作为一种观念或意识形态（人们对于源自非自愿自觉分工的异化和社会分化现象的普遍认识）的分工。对不同层次的问题分开来讨论，同时又对不同层次分工问题的相互关系给予了阐释。在马克思看来，社会生活的实践性本质决定了分工同样具有历史性，马克思对这种生产劳动的社会性存在方式做了社会内部分工和企业内部分工的区分，并对二者的性质和相互关系做了系统分析。作为一个范畴，分工是历史发展到一定阶段才出现的，因而要结合特定的历史条件来加以研究。在《哲学的贫困》中，马克思专门就蒲鲁东在分工问题上的非历史性的抽象认识给予了批判。针对蒲鲁东把分工看作一种永恒规律和一种单纯抽象范畴的错误观念，马克思批判了蒲鲁东抛开每个时代特定性质的影响因素，认为只要研究好"分"字就能说明各个历史时代的分工的臆想。与蒲鲁东不同，马克思认为诸如"分工"等经济范畴，并非从世界开始时就存在的，它们只是现实关系的抽象。在《德意志意识形态》中，马克思按照历史发展轨迹，将分工区分为"原始社会里的单纯性行为方面的分工""由于天赋（例如体力）、需要、偶然性等自然形成的分工"以及"物质劳动和精神劳动的分离的真正的分工"几个发展阶段，并对未来实现人的自由全面发展的自觉分工进行了设想。

与此相应，对于人们由于非自觉自愿的分工造成的劳动异化和社会分化的认识、观念，马克思坚持认为，判断这些思维意识是否具有客观的真理性，不能离开实践，一旦离开实践，所有关于思维现实性或非现实性的争论只能是纯粹经验哲学的问题。因此，与以往哲学家不同，马克思没有仅仅在思维层面去解释由非自觉自愿分工造成的劳动异化和社会分化意识，而是深入剖析现实的资本主义生产根源。

3. 理想与现实并重

划界本身不是目的，目的在于对界限两边给予充分的重视，从而超越认识和实践的有限性，让理想照进现实，使人获得自由和解放。

诚然，划界方法在一定程度上保持了世界多重性和多样性的面貌。这种方法把世界明确区分为科学与人文、自然与属人、事实与价值、知识与实践等，认为它们各有其存在价值，同时又具有各自的适用边界，它们既不能互相取代也不可彼此还原。这就彻底否弃了把世界还原为某种单一的、绝对的因素的方法，这种按照现实世界本性来把握和理解现实世界的方法更具开放性和包容性。康德的划界，并非否定某一论域的价值，其本意是对界限两边都给予充分的重视。但绝对对立的形而上学思想根源导致他将绝对与相对决然割裂，就使得这种并重的初衷最终落空。

马克思在历史唯物主义的基础上，在对理性与现实之间的区分与边界保持清醒自觉的同时，发现了黑格尔被神秘外壳包裹的辩证法的精华，并且立足于社会生产实践的现实基础，在揭示与批判资本主义社会分工状况背后资本逻辑的过程中，成功地把黑格尔那"倒立着的"辩证法倒转过来，真正瓦解了形而上学的绝对对立，让理想和现实在主体实践中统一起来。这一特点在分工思想的研究中体现于马克思既关注工具层面的技术性分工，又重视价值层面的社会分工，更致力于技术性分工对价值层面分工的侵蚀及其形成机制的深层揭示。正是针对当时的资本主义社会异化的分工状况，马克思才提出人类解放、人的自由全面发展的价值旨向和理想目标。由工业革命催生的现代分工越来越使个人成为机器的附庸，分工的社会发展价值就是使主体在社会共同体中实现个人自由。"如果纯粹对分工进行手段化、工具化的理解，那么，关于分工的本质问题以及由此产生的人的生存与私有财产之间的矛盾等都势必会被掩盖起来。"[①]

（三）分工与自由

马克思关于自由的探寻经历了一个漫长的发展过程。在对自由的认识和不断追寻过程中，马克思也曾追随启蒙，然而当理论遭遇严酷的现实，马克思逐渐认识到，"现实"的利益关系并不是由启蒙理性的"应当"来限定和规制的，恰恰相反，正是现实的物质利益关系决定着被视作普遍理性的法和国家。从1843年起，带着关于物质利益难题的困惑，马克思开始大量阅读政治经济学的著作，尝试从政治经济学中获得对"市民社会"的理解。从这个过程中可以看出，马克思对自由的探寻经历了从理想转向实践、逐渐地在必然与自由相统一的生产实践活动中实现人类自由的路径。而分工则是人们的生产与交往的重要表现形式。并且马克思关于人的自由全面发展的理想目标的设定最初就是针对当时的资本主义社会分工状况而做出的价值指向。因此，关于分工的思想就成为理解马克思生产理论价值旨向的重要一环。

---

① 王虎学：《马克思的分工思想与历史唯物主义》，载《华北电力大学学报》（社会科学版），2009年第3期。

对自由理想的向往和追求是马克思与近代启蒙思想的共同旨向，但对自由的内涵与实现途径的不同理解，则形成了马克思与康德等启蒙思想家的分殊。仅以康德为例，康德通过为理性划界而彰显自由，他所理解的自由更多的是一种意志的自由、道德的自由，他凸显的主体更多的是抽象的道德主体，划界及对实践理性的批判实际上是为了达到"至善"的道德目标。在康德看来，自由的实现离不开启蒙，人类首先要依靠启蒙来启发人们对自己先天能力的意识并自觉加以利用。而现实经验世界的复杂性又使得人们虽然具有自由的能力，但却并不一定都能在有限的生命里完全做到道德与幸福的一致，最后只好诉诸上帝的预设，并寄希望于彼岸的幸福。也即康德的自由无法在客观的现实世界中实现自身。一旦离开精神领域，康德的自由就是不自由的了。因而康德借由划界对自由的探询仍然局限于理论思辨和抽象的道德实践界域，对他人、对世界则无甚改变。

马克思理解的自由并非单单是一个理性问题，而是具有很强的现实性。"哲学家们只是用不同的方式解释世界，问题在于改变世界。"[①] 康德源于善良意志的绝对道德律，虽然可以作为在理论维度上论证理性的自由能力和道德实践的依据，但对于现实社会的不道德、不自由现象却难以给出本质层面的揭示和现实的助益。马克思深刻地指出对人的自由解放和全面发展的追寻，不可能脱离物质生产活动和现实生活，必须由观念批判或道德批判深入到实践批判和物质利益批判。"不管是康德或德国市民（康德是他们的利益的粉饰者），都没有觉察到资产阶级的这些理论思想是以物质利益和由物质生产关系所决定的意志为基础的。因此，康德把这种理论的表达与它所表达的利益割裂开来，并把法国资产阶级意志的有物质动机的规定变为'自由意志'、自在和

①《马克思恩格斯选集》第1卷，人民出版社1995年版，第57页。

自为的意志、人类意志的纯粹自我规定，从而就把这种意志变成纯粹思想上的概念规定和道德假设。因此当这种强有力的资产阶级自由主义的实践以恐怖统治和无耻的资产阶级钻营的形态出现的时候，德国小资产者就在这种资产阶级自由主义的实践面前畏缩倒退了。"①在马克思看来，意志并非完全自由的，它受制于现实的物质生产关系。而分工作为人类的生产劳动方式，反映着人与自然界相互作用过程中人的本质力量的展开程度，是个人本质力量的社会实践表达方式。人的社会价值，就从其所从事的社会分工的作用和地位中展现出来。在现代社会里，脱离开人在社会分工体系形成的社会关系的分化和定位去抽象地谈论人的自由的实现，这种自由只能是一种臆想。

在马克思生产理论的视野中，人类自由的空间总是受到物质生产前提的限制，人的自由也就受制于特定的物质生产方式。每种生产方式都为人类提供了一定自由实现的平台，同时也限定了人们自由的可能性空间。恰恰在人们对这一自由空间永无满足的不断拓展中，人类社会也得到不断的进步和发展。人们在生产中建立了相互之间的交往关系。人们在交往中促进生产，在生产中促进交往，生产和交往的活动过程大多以分工的形式表现出来。人类最初的分工是由于性别、年龄、体力等基于自然差别的分工，但是真正的分工是社会分工，是人们在生产过程中逐渐地意识到分工能够加速生产的发展，不同的人从事不同的生产或交往活动，使得产品的数量和质量都比没有社会分工时期要提高很多。社会分工使不同种类的生产由不同的劳动者来承担，又使不同的劳动者互相协作形成一个生产总体。这样就可以促进生产工具的专业化，从而节约劳动时间，提高劳动效率，扩大劳动规模，产生比单个人或单个人之间的简单合作更大的生产力。在这个意义上，

① 《马克思恩格斯全集》第3卷，人民出版社1960年版，第213—214页。

分工成为人们进行生产与交往活动的加速器。分工的产生是历史的一种进步。生产力的发展水平决定着分工的深度和广度，分工反过来又促进生产力的发展。它成为迄今为止历史发展、文明进步的主要因素之一。

然而分工在促进生产力发展的同时，也将劳动者限定在一个相对固定的领域。而且分工越细，劳动者的生产活动范围就越狭窄，劳动者的发展也就越发陷入畸形和片面。特别是在大工业时代，劳动者成为机器的附庸，劳动者劳动的丰富性已不复存在。同时，正是由于分工带来了自然共同体的被打破，带来社会的分化。马克思早在《德意志意识形态》中就指出，"在分工的范围内，私人关系必然地、不可避免地会发展为阶级关系，并作为阶级关系固定下来"①。"从财产共有的原始和未分化的体制中生长出阶级社会，当然依赖于分工的专业化，正是分工——将人等同于个别职业的专门化（如雇佣劳动者）——否定了人作为'普通'生产者的能力范围"②。正是在这个意义上，恩格斯曾指出，"阶级的存在是由分工引起的"③。自从人类进入阶级社会之后，必然劳动与自由劳动开始分化，各自在相互对立的关系中发展。于是，少数人以剥削和占有他人劳动的方式得到发展，被剥削者迫于生存的压力，不想失去生活资料，便越发依附于这种不平等和片面的分工。马克思提出消灭自发的分工，代之以共产主义社会的自觉分工，这是要实现人的全面发展的一个必要前提。只有消灭这种片面的分工才能消除人的片面发展，人们才能真正按自己的意愿自由地发挥自己的体力和智力，全面发展自己各方面的能力，使人的全面发展具有现实性。

马克思对分工的研究立足于其对古典政治经济学的研究，在广泛

① 马克思、恩格斯：《德意志意识形态》（节选本），人民出版社2003年版，第97页。

② ［英］吉登斯：《资本主义与现代社会理论——对马克思、涂尔干和韦伯著作的分析》，郭忠华、潘华凌译，上海译文出版社2007年版，第28页。

③ 《马克思恩格斯选集》第1卷，人民出版社1995年版，第242页。

摘录和深入思考中，他对诸如劳动、生产、分工等范畴给予充分的重视。马克思借助经济学的理论视野进入分工的研究，但却并没有仅仅停留在经济学的境域，而是跳出经济学，在更广阔的历史和哲学视野对其进行研究和概括。马克思不是单纯对社会分工做一种实证和技术性的分析，他的分工思想的深刻之处在于他并非孤立地研究分工现象，而是把分工放置在特定的历史环境中，结合一定的社会生产关系研究其社会历史特点、功能、意义及其对人的发展的影响。借助分工这个中介，使得生产力与生产关系之间辩证的内在关联得以实现。马克思不仅对生产力变革与分工的发展形态的内在关联进行了详尽论述，而且尤其注重对分工所造成的人与人之间关系变化的分析。

事实上，对分工的研究极大地推动了马克思的思想发展，对其创立唯物史观作出了积极贡献。分工单从物质层面的结果来看，是生产使用价值的社会劳动区分的总体存在样态。从生产交换过程关系层面来看，分工又存在于商品自身的分化中，集中体现了一切特殊的生产方式的总体，而分工本身也是总体生产的结果。马克思以分工现象为出发点，深入剖析隐藏在表象下面的群体性的生产活动和内在关系，以及个体与群体的矛盾冲突，并努力探寻其中的内在规律，为实现人的自由解放寻找可能的路径。马克思由科学的实践观出发，从分工切入，深入研究了分工与生产力、分工与所有制、分工与阶级和国家产生的关联性，抓住了研究社会发展运行机制的重要线索，进而提炼出包括生产力、生产关系、经济基础、上层建筑、人的自由全面发展的整体理论框架。可见，马克思分工理论的研究方法和自由旨向直接影响着马克思生产理论的建构。

三、生产实践对于自由实现的中介作用

真正的、现实的自由并不是存在于抽象的观念之中，而是存在于人们具体的、真实的社会历史活动当中，存在于由社会历史活动的发展所形成的普遍的社会联系之中。社会生产实践则在人类自由实现过程中起着重要的中介作用。

（一）对象性活动彰显人的本质力量

人们的存在就是他们真实的生活过程。在这种现实生活过程中，人必然要服从于其本身的需要和活动的内在规律，但与此同时，人们也将在各自的活动中分别体会到创造性的自由。这种自由并不是所谓人的天赋能力和本性，而是深深植根于人们的实践活动之中。正是由于人有实践性，所以人才有了一种超越性。在这个意义上说，人的自由发展离不开人的丰富具体的对象性的社会实践活动。只有在对象性的实践活动的基础上，才能保证人与自然之间以及人与人之间的客观物质联系。人的对象性实践活动的外部显现的凝固就表现为人类历史。人的生产活动本身就是一种典型的对象性的实践活动。关于对象性活动的理解，马克思吸收了黑格尔辩证法的成果，认为它的伟大之处在于"把人的自我生产看作一个过程，把对象化看作非对象化，看作外化和这种外化的扬弃"[1]，从而抓住了劳动的本质。马克思"在劳动发展史中找到了理解全部社会史的锁钥"[2]，他认为"整个所谓世界历史不外是人通过人的劳动而诞生的过程"[3]。马克思在吸收了费尔巴哈感性思想的基础上，改造了黑格尔的精神劳动，把自己的哲学建立在对象性的

---

① 《马克思恩格斯全集》第3卷，人民出版社2002年版，第320页。

② 《马克思恩格斯选集》第4卷，人民出版社1995年版，第258页。

③ 《马克思恩格斯全集》第42卷，人民出版社1979年版，第131页。

感性活动基础上，从而实现了哲学史上的变革。在马克思看来，"环境的改变和人的活动或自我改变的一致，只能被看作并合理地理解为革命的实践"①。人的实践活动或生产活动有两个方面的表现，一方面表现在对外部环境的改变上，另一方面表现在对人自身的改变上。对象化活动恰是主体在自然与社会两个层面不断地把对象的内容扬弃于自身的综合活动，从而实现主体自身的运动发展。

因此，在一定意义上说，真正自由的实现就体现在人类的生产劳动中，生产劳动帮助人们克服自身以外的各种障碍，从而在生产的过程中彰显出自己的本质力量。同时，社会历史实践也证明，人们生产方式的改变与其内在的本质力量的改变是一致的，即人是什么样的，人就怎样生产。财富的生产从其本质上说，既是一个自然的物质变换过程，也是一个社会的历史发展过程，因而财富生产在实质上也就体现着人与自然的关系和人与人（社会）的关系这两个基本方面。人的自由解放的实质是人类史与自然史的统一。而无论是人与自然的关系，还是人与人的关系，都在人的对象性的活动中不断生成与完善。人的自由永远不能超出社会的经济结构，只有在现实的世界中并使用现实的手段才能实现真正的解放。

从历史性视角来审视自由，可以发现人的自由的实现呈现为一个漫长的历史进程。马克思在《1857—1858年经济学手稿》中，以人的生产劳动为基础，按人的发展程度将人类社会发展划分为"人的依赖关系""物的依赖性为基础的人的独立性""自由个性"三大形态，并通过分析社会关系的历史变化以展示人的自由全面发展的一般历史过程。"人的依赖关系（起初完全是自然发生的），是最初的社会形态，在这种形态下，人的生产能力只是在狭小的范围内和孤立的地点上发

---

① 《马克思恩格斯选集》第1卷，人民出版社1995年版，第55页。

展着。以物的依赖性为基础的人的独立性，是第二大形态，在这种形式下，才形成普遍的社会物质变换、全面的关系、多方面的需求以及全面的能力的体系。建立在个人全面发展和他们共同的、社会生产能力成为从属于他们的社会财富这一基础上的自由个性，是第三个阶段。第二个阶段为第三个阶段创造条件。"①

"以物的依赖性为基础的人的独立性"的社会形态即资本主义社会，在这一社会形态中，人的对象性的实践活动表现为物化和异化的形态，商品、货币、资本相对于个人的活动变成为一种独立的、外在的支配性力量，社会生产方式集中表现为雇佣劳动和资本的对立关系。而雇佣劳动本身的存在样态就体现出生产劳动主体恰恰是处于一种受奴役的、物化的非自由状态。马克思指出，如果抛开整个流通过程、商业及货币交易等基于交换价值的资本运作，资本主义生产在某种程度上可以说是对已实现在商品中的劳动最大的节省。快捷、高效成为其重要特征。但与此同时，资本主义生产方式又比其他任何一种生产方式所造成的对人和活劳动的浪费都更大。"它不仅浪费人的血和肉，而且浪费人的智慧和神经。实际上，只有通过最大限度地损害个人的发展，才能在作为人类社会主义结构序幕的历史时期，取得一般人的发展。"②而资本主义生产方式在促进生产力的极大发展，并以雇佣劳动的不自由、受奴役为代价带来社会财富极大增加的过程，也在为人的自由全面发展积累物质条件。"以资本为基础的生产，一方面创造出一个普遍的产业劳动，即剩余劳动，创造价值的劳动，那么，另一方面也创造出一个普遍利用自然属性和人的属性的体系，创造出一个普遍有用性

_____

① 《马克思恩格斯全集》第30卷，人民出版社1995年版，第107—108页。
② 《马克思恩格斯全集》第32卷，人民出版社1998年版，第405页。

的体系……由此产生了资本的伟大的文明作用"①，它"摧毁一切阻碍发展生产力、扩大需要、使生产多样化、利用和交换自然力量和精神力量的限制。"②

资本的内在矛盾使得它既极大地推动了生产力的进步，又日益成为生产力进一步发展的最大的限制。"生产力和生产关系——这二者是社会个人的发展的不同方面——对于资本来说仅仅表现为手段，仅仅是资本用来从它有限的基础出发进行生产的手段。但是，实际上它们是炸毁这个基础的物质条件。"③"超过一定点，生产力的发展就变成对资本的一种限制；因此，超过一定点，资本关系就变成对劳动生产力发展的一种限制。一旦达到这一点，资本即雇佣劳动就同社会财富和生产力的发展发生像行会制度、农奴制、奴隶制同这种发展所发生的同样的关系，就必然会作为桎梏被摆脱掉。"④在马克思看来，社会的变化是由生产方式引起的，因此要解决现实的个人不自由的问题，必须要扬弃不合理的生产方式。这主要取决于一定的物质生产方式——"劳动过程的技术条件和社会条件"⑤。也即使人的对象性活动即劳动具有社会性和科学性，使直接的物质生产过程本身摆脱贫困和对抗性的形式。

（二）普遍交往为个人自由构建真实共同体

从事着对象性实践活动的人总是在一定的社会关系中活动着，作为社会生产过程主体出现的个人，不过是从事着生产实践活动处于相互联系中的个人。"社会不是由个人构成，而是表示这些个人彼此发

---

① 《马克思恩格斯全集》第30卷，人民出版社1995年版，第389—390页。

② 《马克思恩格斯全集》第30卷，人民出版社1995年版，第107—108页。

③ 《马克思恩格斯全集》第31卷，人民出版社1998年版，第101页。

④ 《马克思恩格斯全集》第31卷，人民出版社1998年版，第149页。

⑤ 《马克思恩格斯全集》第23卷，人民出版社1972年版，第350页。

生的那些联系和关系的总和。"① 而社会关系的总和实际上决定着一个人的生存状况和发展程度。人的自由不是某种观念的抽象物，它只存在于人的生产劳动实践和社会关系的社会总体中。生产劳动一开始就是社会性的，只有借助于他人的劳动成果，在和他人直接或间接的交往和协作中，劳动才能进行。生产活动的不断扩大必然使人与人之间的交往活动更加频繁。有了人与人之间不断频繁的交往，会让人在交往中得到不断发展，使人的社会关系不断丰富和完善。无论是活动层面的交往，还是关系层面的交往，其实质都是由物质生产实践来决定的。交往形式的更替更是由人的物质生产实践活动直接推动的。马克思指出，"生产力和交往形式的关系就是交往形式和个人的行动或活动的关系"②，生产者"通过生产而发展和改造着自身……造成新的交往方式"③。随着分工的发展产生了单个人的利益或单个家庭的利益与所有相互交往的个人的共同利益之间的矛盾。正是由于人们交往过程中形成的特殊利益和共同利益之间的矛盾，人们为了实现自身利益，他们之间要发生多角度、多层次的交往，形成错综复杂的社会关系网络，并形成共同体。一个生活在社会中的人必然要和其生活的共同体发生关系，个人也只有在共同体中，才能获得全面发展其才能的手段，才可能有个人的自由。能够为个人自由的实现提供条件的共同体并非以往人类历史上曾经存在过的任何一种"虚幻的"共同体形式，而是实现了特殊利益与共同利益协调一致的"真正的共同体"。"从前各个人联合而成的虚假的共同体，总是相对于各个人而独立的；由于这种共同体是一个阶级反对另一个阶级的联合，因此对于被统治的阶级来说，

---

① 《马克思恩格斯全集》第30卷，人民出版社1995年版，第221页。

② 《马克思恩格斯选集》第1卷，人民出版社1995年版，第123页。

③ 《马克思恩格斯全集》第30卷，人民出版社1995年版，第487页。

它不仅是完全虚幻的共同体，而且是新的桎梏。"①

以"物的依赖性为基础"的资本主义社会，虽然与原始共同体相比，使人摆脱了对人、自然以及权力的依附，个人成为独立的经济主体，可以自由交换。但它却是普遍物化的社会，物统治着人，人只是物的奴隶。作为社会共同体的资本主义国家只是打着共同体利益的旗号来维护资产阶级利益的统治机构。但是这个共同体也给个人自由提供了前所未有的机遇。一方面，机器这一生产力极大地提高了劳动生产率，有利于解放劳动，给个人自由提供了可能。另一方面，资本主义市场经济使个人突破了狭隘的血缘和地域界限，产生出交往的普遍性并成为生产力普遍增长的真正的保证，从而为个人自由提供了基本前提。

人是普遍交往的实践主体，所以交往发展的范围、发展的水平都与人自身的发展状况有着直接的关联。人的实践活动的全面发展为普遍交往提供了必要的条件。而普遍的交往也反过来促进个体在个体与共同体的张力中充分整合共同体所提供给他的各类资源，从而促进个人能力的全面发展，并获得现实的自由。

在马克思看来，随着资本主义生产发展起来的人们的普遍的社会交往是人的全面发展和自由实现的重要条件和主要内容之一。"全面发展的个人——他们的社会关系作为他们自己的共同的关系，也是服从于他们自己的共同的控制的——不是自然的产物，而是历史的产物。要使这种个性成为可能，能力的发展就要达到一定的程度和全面性，这正是以建立在交换价值基础上的生产为前提的，这种生产才在产生出个人同自己和同别人相异化的普遍性的同时，也产生出个人关系和个人能力的普遍性和全面性。"② 这就孕育了更新的社会形态——"建立

① 《马克思恩格斯选集》第1卷，人民出版社1995年版，第119页。
② 《马克思恩格斯全集》第30卷，人民出版社1995年版，第112页。

在个人全面发展和他们共同的、社会的生产能力成为从属于他们的社会财富这一基础上的自由个性"①。在《共产党宣言》中，马克思和恩格斯提出了共产主义的实践构想，"代替那存在着阶级和阶级对立的资产阶级旧社会的，将是这样一个联合体，在那里，每个人的自由发展是一切人的自由发展的条件"②。这种自由人联合体是真正的共同体，"在真正的共同体的条件下，各个人在自己的联合中并通过这种联合获得自己的自由"③。马克思认为必须从根本上"瓦解"资本逻辑的运行机制，人类才能获得真正的自由，而能够实现这一理想的就是共产主义运动。

在马克思眼中，共产主义是一种运动，是一种实践。这种共产主义的运动和实践不是以某个阶级的目的为目的，它必然是实现追求一切人的自由个性的永恒过程。"在共产主义社会中，即在个人的独创的和自由的发展不再是一句空话的唯一的社会中，这种发展正是取决于个人间的联系，而这种个人间的联系则表现在下列三个方面，即经济前提、一切人的自由发展的必要的团结一致以及在现有生产力基础上的个人的共同活动方式。"④就此而言，共产主义社会并不是一种什么制造出来的"乌托邦"观念，而是建基于财富、自由与发展关系上的一种人类历史活动。"建立共产主义实质上具有经济的性质，这就为这种联合创造各种物质条件，把现存的条件变成联合的条件。共产主义所造成的存在状况，正是这样一种现实基础，它使一切不依赖于个人而存在的状况不可能发生，因为这种存在状况只不过是各个人之间迄今为止交往的产物。"⑤

---

① 《马克思恩格斯全集》第30卷，人民出版社1995年版，第107—108页。

② 《马克思恩格斯选集》第1卷，人民出版社1995年版，第294页。

③ 《马克思恩格斯选集》第1卷，人民出版社1995年版，第119页。

④ 《马克思恩格斯全集》第3卷，人民出版社1960年版，第516页。

⑤ 《马克思恩格斯选集》第1卷，人民出版社1995年版，第122页。

（三）自由时间为个人全面自由发展拓展空间

现实个人真正的解放，只有立足现实的世界实践活动中，并借助现实的手段才能得以实现。因而，对象性的物质生产活动以及与其相伴随的普遍交往就成为由雇佣劳动向自由劳动转化的必然中介。然而，物质生产领域内的自由只能是相对的、低级的；真正的自由王国既以这个必然王国为基础又超越其外。自由时间的创造则成为人们从必然王国走向自由王国，获得个人全面自由发展的重要条件。

在现代资本主义社会，随着人类生产力的超越式发展，劳动生产率日益提高，资本只需购买较少的必要劳动，就能创造出同样的交换价值，从而使用更多的材料，创造出更多的使用价值。而必要劳动的节约，本来意味着劳动者可以有一定的时间去实现自己的生命创造，不断发展自己的自由个性，享受一定程度的自由。"创造出可以自由支配的时间是财富整个发展的基础。"[1]然而在雇佣劳动制度下，自由时间却并不真正属于劳动者。工人为了维持自身的生存，不得不出卖自己的劳动力，他们没有自由选择的权利。在此种条件下，资本就化身为特殊的"权力"，它不但要占有工人的劳动时间，它还要占有工人的剩余劳动时间。资本是死劳动，它必须不停地"吮吸"活劳动才能有生命，才会更旺盛。"在以资本为基础的生产中，必要劳动时间的存在以创造剩余劳动时间为条件。"[2]"因此，资本的趋势是要尽量多地创造劳动；资本的趋势也是要把必要劳动减少到最低限度。"[3]资本逻辑的本质就是把劳动时间分配给工人，让资本家独享自由时间，这是由资本的本性所决定的。

---

[1] 《马克思恩格斯全集》第30卷，人民出版社1995年版，第376页。

[2] 《马克思恩格斯全集》第30卷，人民出版社1995年版，第376页。

[3] 《马克思恩格斯全集》第30卷，人民出版社1995年版，第377页。

资本的本性使得它本身成为处于过程中的矛盾，"它竭力把劳动时间缩减到最低限度，另一方面又使劳动时间成为财富的唯一尺度和源泉"①。它一方面创造出可自由支配的时间，另一方面又竭力把这些自由时间变为归它所有的剩余劳动。这种矛盾不断发展就导致生产力的增长超出了资本本性的限制，靠占有他人的剩余劳动来束缚生产的发展已成为不可能。"于是，资本就违背自己的意志，成了为社会可以自由支配的时间创造条件的工具，使整个社会的劳动时间缩减到不断下降的最低限度，从而为全体（社会成员）本身的发展腾出时间。"② 由于给所有人的个性自由发展腾出了时间和创造了手段，于是，个人可以在科学、艺术等方面不断得到发展。而不断得到充分而全面发展的个人作为生产的主体，作为最大的生产力又会反过来促进社会生产更快更大地发展。"从直接生产过程的角度来看，节约劳动时间可以看作生产固定资本，这种固定资本就是人本身。"③ 于是，获得充分发展的劳动者自己占有自己的剩余劳动，这时，可以自由支配的时间对于劳动者就不再是对立的存在物了，"那时，一方面，社会的个人需要将成为必要劳动时间的尺度，另一方面，社会生产力的发展将如此迅速，以致尽管生产将以所有人的富裕为目的，所有人的可以自由支配的时间还是会增加。因为真正的财富就是所有个人发达的生产力。那时，财富的尺度决不再是劳动时间，而是可以自由支配的时间。"④

"自由时间"从一定意义上说，就是"剩余价值"的时间存在样态。只有让"自由时间（或说剩余价值）"从直接的物质生产过程中节约出来，流入"自由王国"并转而投入"真正自由的劳动"，这样"自由王

① 《马克思恩格斯全集》第31卷，人民出版社1998年版，第101页。
② 《马克思恩格斯全集》第31卷，人民出版社1998年版，第103页。
③ 《马克思恩格斯全集》第31卷，人民出版社1998年版，第107—108页。
④ 《马克思恩格斯全集》第31卷，人民出版社1998年版，第104页。

国"才能不断繁荣起来，艺术、科学等"真正自由的劳动"才能得到发展。而这也正是共产主义区别于资本主义的重要社会制度特征之一。自由劳动和自由时间的实现，并不意味着以精神生产取代物质生产。在马克思看来，直接劳动时间与自由时间并不是永远和完全对立的，即便是在未来的共产主义社会，作为此岸的直接意义上的物质生产也仍然存在。只要人类存在，就必然要满足基本的生存和生活需要，都不得不为了满足自己的需要，为了维持和再生产自己的生命而从事物质生产。这无论是对于野蛮人还是对于现代的文明人都是一样适用的。"这个领域始终是一个必然王国。在这个必然王国的彼岸，作为目的本身的人类能力的发挥，真正的自由王国，就开始了。但是，这个自由王国只有建立在必然王国的基础上，才能繁荣起来。工作日的缩短是根本条件。"[①] "社会为生产小麦、牲畜等所需要的时间越少，它所赢得的从事其他生产、物质的或精神的生产的时间就越多。正像在单个人的场合一样，社会发展、社会享用和社会活动的全面性，都取决于时间的节省。"[②]物质生产劳动只是在下列条件下，即劳动具有社会性和科学性，才能成为吸引人的劳动，成为个人的自我实现，劳动者不再是用固定方式刻板训练出来的自然力，而是作为支配一切自然力的那种活动出现在生产过程中的主体。在这种条件下，"这个自然必然性的王国会随着人的发展而扩大，因为需要会扩大；但是，满足这种需要的生产力同时也会扩大。这个领域内的自由只能是：社会化的人，联合起来的生产者，将合理地调节他们和自然之间的物质变换，把它置于他们的共同控制之下，而不让它作为一种盲目的力量来统治自己；靠消耗最小的力量，在最无愧于和最适合于他们的人类本性的条件下来

---

① 马克思:《资本论》第3卷，人民出版社2004年版，第929页。

② 《马克思恩格斯全集》第30卷，人民出版社1995年版，第123页。

进行这种物质变换。"①

自由时间也可以用来从事直接的物质生产，只是这时的物质生产已经具有了新的、全面自由的意义。这时的个人已不再是仅仅处于维持生存需要而进行劳动的工人，而生产的过程也已经不再是异化的、受控制、被奴役的过程，生产劳动成为了个人所学知识的运用和自身身体的锻炼。正如马克思指出的那样，"自由时间——不论是闲暇时间还是从事较高级活动的时间——自然要把占有它的人变为另一主体，于是他作为这另一主体又加入直接生产过程。对于正在成长的人来说，这个直接生产过程同时就是训练，而对于头脑里具有积累起来的社会知识的成年人来说，这个过程就是（知识的）运用、实验科学、有物质创造力的和对象化中的科学。对于这两种人来说，由于劳动像在农业中那样要求实际动手和自由活动，这个过程同时就是身体锻炼"②。由此可见，在马克思那里，自由劳动的实现，并不是以精神生产取代物质生产，而是在共同生产的前提下，以"某种以单个人参与共同消费为结果的劳动组织"③取代强制分工，消除二者人为的界限，实现它们在自由时间中的协调，从而拓展人的发展空间。而自由时间和空间的获得，恰恰是人实现其全面自由发展的前提条件。

可见，自由的实现并非物质生产的消灭、劳动的停止，也不是要消除物质生产与精神生产、必然与自由的分别。事实上，分别依然存在，但它们之间的对立与对抗将不再存在。在马克思看来，资本主义生产在客观上为人的自由全面发展奠定丰富的物质基础，同时创造出所需的社会条件和提供必要的时间和空间。马克思关于生产实践在必

① 马克思：《资本论》第3卷，人民出版社2004年版，第928—929页。

② 《马克思恩格斯全集》第31卷，人民出版社1998年版，第108页。

③ 《马克思恩格斯全集》第30卷，人民出版社1995年版，第122页。

然王国向自由王国转化中的作用的有关论述，集中体现出历史阐释、社会批判与价值诉求的高度统一。正像姚顺良先生概括的那样："它不仅将历史的唯物论同历史的辩证法高度统一起来，代表了唯物史观在这一问题上的最高成果；将严格的经济学分析同深刻的人道主义价值批判高度统一起来，体现了资本主义社会批判理论的最高水平；也使科学社会主义的实践纲领从'组织生产'进一步提高到'超越生产'，从'劳动的解放'进一步提高到'从劳动中解放出来'，达到了一个新的境界。"[①]

历史唯物主义关注现实的价值维度本身就表现为一种批判。探寻自由的实现之路，首先要用历史的视野来探究和把握资本主义社会不自由状态形成的内在机制，这恰恰是解决自由问题的关键。马克思借助历史唯物主义生产的理论工具对资本主义制度的深层批判，事实上也就为实现人的自由全面发展或人的解放找到了现实的条件和途径。

---

① 姚顺良：《物质生产与自由活动 ——〈1857—1858年经济学手稿〉对〈德意志意识形态〉的一个重大发展》，载《南京社会科学》，2010年第9期。

下篇 生产的现实境遇

　　实践是人类理论思维的出发点，也是理论思维应有的落脚点或归宿。科学理论亦有其特定的理论时空及其真理的边界，并随着时代实践主题的变化而不断发展，因而其具体运用要"以当时的历史条件为转移"。回答实践提出的重大问题是马克思主义丰富和发展的途径，也是马克思主义理论创新的使命和落脚点。马克思生产理论也是在持续关注、回应和解答各种重大生产实践问题中不断丰富发展的。在马克思看来，"生产是总体"①。生产的这种总体性不仅体现在生产的内容上，还体现在生产的过程和环节及其社会功能上。就生产内容而言，它强调生产是社会生活中全面的、连续不断的实践活动；作为一种理论方法，它强调一种在关系、过程和系统中来研究和把握生产的总体性方法；在理论功能上，它既是探寻历史源头的重要理论工具，又是对资本主义社会进行批判的基点和中介，更体现了对人的自由全面发展的深层价值诉求。这三方面紧密联系，统一于马克思的总体生产观。②然而随着全球化浪潮、消费社会以及信息化时代的来临，马克思生产理论面临新的前所未有的挑战和质疑。在知识经济时代，生产劳动的含义是否有了新的变化？价值的源泉何在？虚拟经济何以可能？在消费

---

① 《马克思恩格斯全集》第30卷，人民出版社1995年版，第27页。
② 参见覃志红：《马克思总体生产思想研究》，人民出版社2002年版，第27页。

社会，物质生产是否真的已经被媒介生产所取代，物质生产的逻辑是否还能够作为理论分析的基础？对于当代资本主义社会，马克思生产理论还有没有解释力和批判力？要想对这些重大理论和现实问题做出科学而有力的回应，我们一方面要从马克思主义发展史中，通过文本的深度解读，完整准确地理解和把握马克思生产理论的精神实质；另一方面还要将马克思生产理论与当代全球化、信息化的生产条件相结合，在对话时代课题中澄清观点、深化认识，由此才能更好地展现理论的生命力和当代价值。本篇重点选取现时代具突出意义的几个生产实践问题，尝试分别从马克思生产理论的历史阐释、社会批判和价值诉求的视角进行思考与探析，探索马克思生产理论在现实境遇中的出场路经。

第四章　信息技术时代的生产阐释

随着现代科技的迅猛发展，知识革命浪潮借助信息化、数字化强势来袭，人类社会开始进入一个信息技术时代。有人甚至预测，信息必将成为未来社会的象征与主宰，信息产业将是世界上最大的产业。不管这一预测是否准确，但经济的发展越来越依赖于科技进步，却是一个不争的事实。许多学者从生产力变革的角度将人类社会现在所进入的阶段称为"第三次浪潮""信息社会""知识经济社会"等，一些学者认为马克思劳动价值论已经过时了。"在信息经济社会里，价值的增长不是通过劳动，而是通过知识实现的。'劳动价值论'诞生于工业经济的初期，必将被新的'知识价值论'所取代。"[①] 诸如此类的观点不胜枚举，同时，国内也有许多关于信息技术时代劳动价值论当代价值的反思与争论。究竟该如何看待新技术时代的生产和价值创造就成为深化发展马克思生产理论不可回避的重要问题。

---

① ［美］约翰·奈斯比特：《大趋势》，梅艳译，中国社会科学出版社1984年版，第16页。

一、知识经济时代的价值创造

（一）产业革命与生产时空

纵览人类历史，生产时空的转化实质上就是生产方式不断变革、不断创新的过程。第一次工业革命以机器代替手工，引入机械生产技术，开启了"蒸汽时代"的大规模工厂化生产；第二次工业革命借助电力、内燃机、新交通工具和新通信手段等新的生产技术条件，把人类带入分工明确、流水线模式的大规模批量电气化生产的所谓"电气时代"；电子计算机技术、原子能技术、生物工程和空间技术成为第三次工业革命的主要技术标志，凭借这些新的技术，社会开始进入自动化生产模式；未来"工业4.0"展现了一个全新的工业蓝图：基于信息物理系统（Cyber-Physical System，CPS）的智能化，人类社会将进入第四次工业革命，智能制造将成为主导，通过互联网将实体世界与信息系统相结合，使得生产企业未来将机械设备、库存系统以及物资融合在一起，而系统、设备、物资之间可以自主交换信息、开展行动，甚至相互监控。定制化生产模式即将开启，更多灵活、个性化和数字化的产品与服务将被提供。

这样一个新的时代背景对我们的经济、社会、文化、生活都产生了广泛而深远的影响，信息流、物流、知识流等逐渐实现全球流通，社会生产已突破传统的时空界限，呈现出一种时空压缩的发展态势。呈现出诸如生产要素多元化、生产材料新型化、能源结构多样化、产业结构高级化、生产组织柔性化、社会消费符号化以及生产范围全球化等许多新的发展特点。

1. 生产要素多元化

生产要素是指生产劳动过程中必不可少的生产力因素,在任何时代的生产中都是如此。生产要素主要表现为人的因素、物的因素以及二者相结合的因素。要素的占有和分配由生产力发展水平所决定。生产要素是一个动态概念，随着社会生产力的发展和生产社会化程度的提高会不断增添新的内容。生产要素的组成、结构方式及各要素在生产中的地位和作用也随着科学技术的提高和生产力的不断发展而发生改变。在农业经济时代，土地是最为重要的生产要素；在工业经济时代，资本是最为重要的生产要素；在知识经济时代，社会生产要素的内容大大增加了，现在，除了传统的劳动力、劳动资料和劳动对象等生产要素之外，信息、知识、管理、社会资源等在生产经营中的重要性与日俱增，越来越成为不可或缺无法忽视的重要经济资源。科学技术极大地提高了劳动者的素质，使劳动资料发生了质的变化，使劳动对象不断得到开拓，从而改变了劳动的社会结合方式。而且这些要素常与劳动力、劳动资料和劳动对象等传统生产要素相结合，产生复合性的经济价值。

2. 生产材料新型化

信息技术、生物技术和新材料技术已成为新技术革命的重要标志。材料是生产的物质基础，材料的更新变化是现代文明的重要支柱。由于知识与技术的密集，新工艺和新技术的结合，生产材料更新换代日益加快，品种式样也变化多样。如新型金属材料、高分子合成材料、光电子材料、纳米材料、超导材料、新型无机非金属材料、复合材料、生物材料、信息材料、新能源材料、智能材料等，这些新型生产材料广泛应用于信息、电子仪器、建筑、军事、医疗、环保等领域，绿色、环保、高效、节能日益成为新材料的发展趋势，材料的更新是多学科相互交叉和渗透的结果，体现了综合性和复杂性的特点。世界材料产业的产值以每年约30%的速度增长，化工新材料、微电子、光电子、新能源成了研究最活跃、发展最快、最为投资者所看好的新材料领域，材料创新已成为推动人类文明进步的重要动力之一，也促进了技术的发展和产业的升级。21世纪科技发展的主要方向之一是新材料的研制和应用。新材料的研究，是人类对生产的物质性质认识和应用向更深层次的进军。

3. 能源结构多样化

能源生产和消费结构的根本性改变，对一国社会经济发展乃至全球地缘政治格局都会产生深刻影响。伴随工业革命，世界能源结构经历了由煤炭取代木材成为主导能源，以及油气取代煤炭成为主要能源的能源转型，当前就全世界而言，石油在能源消费结构中占第一位，但所占比例正在缓慢下降；煤炭占第二位，所占比例也在下降；目前天然气占第三位，所占比例持续上升，前景良好。随着新生产时代的到来，当今世界已经进入可再生能源时代。近年来，清洁、低碳、高效、安全、经济、稳定的可再生能源发展迅速，各种新能源的开发利用引人瞩目。太阳能、风能、地热能、海洋能、生物质能等可再生能源的研发迅速展开，并将取代化石能源成为主要能源。生产所凭借的能源结构日益多样化。

4. 产业结构高级化

工业经济条件下，生产经营多以大型化、高速化、标准化、批量化为特征，其产业结构也以第二产业（工业）代替第一产业（农业）成为国民经济主体或主导为其特征。而在知识经济时代，生产则更加注重个性化、多样化、柔性化和高质量。随着知识经济时代的来临，第二产业在国民经济中的比重开始不断下降，而服务业（第三产业）和知识产业的地位将不断上升，并开始逐渐占据主导地位。随着经济全球化、信息化进程的加快，新一轮产业结构调整正在全球范围轰轰烈烈地展开。这也是各国为适应数字经济、迎接信息时代的到来而进行的适应性调整和战略性选择。调整的重点主要围绕加快以信息技术为核心的高新技术的发展，不断推进产业结构高级化。产业重心由第二产业向第三产业转移，着力发展技术密集型和信息密集型服务业，以适应"新经济"时代人们对知识型服务业的需要。信息技术的广泛应用带动了一批相关产业，催生了一批边缘产业，改造了传统产业，促进了"新""旧"产业的融合。信息产业已经并将继续成为全球产业结构调整的关键因素，与此同时，生命科学和生物技术以及纳米技术等高新技术产业化步伐正在加快，这对未来产业结构调整亦将产生不容忽视且难以预料的影响。

5. 生产组织柔性化

随着新技术的应用，如今，出现了不同于传统的大规模机器生产模式的新型生产模式，即以计算机及自动化技术为物质技术基础，以成组技术作为工艺基础的柔性生产模式。所谓柔性生产即通过系统结构、人员组织、运作方式和市场营销等方面的改革，使生产系统能对市场需求变化作出快速的适应，同时消除冗余无用的损耗，力求企业获得更大的效益。例如柔性制造系统（flexible production capacity，FMS）就是以统一的信息控制系统和自动物料储运系统连接起来的一组加工设备，能在不停机的情况下实现多品种工件的加工，并具有一定管理功能。它按照成组的加工对象确定工艺过程，选择相适应的数控加工设备和工件、工具等物料的储运系统，并由计算机进行控制，故能自动调整并实现一定范围内多种工件的成批高效生产。柔性生产是全面的，不仅是设备的柔性，还包括管理、人员和软件的综合柔性。与柔性生产相适应，当前国际上柔性管理也开始出现。这种柔性的组织方式是适应现代市场需求而产生的，与现代化的高柔性的生产技术相适应，具有组织机构模块化、组织层次少量化和采用团队工作的特点。这种生产组织形式以人为核心，结构简洁，反应灵敏、迅速，灵活多变，应变能力强，因而能及时地改变产品以满足市场需求，综合地提高生产效益。

6. 社会消费符号化

信息网络社会加强了人们之间的联系，在普遍的交往中，人们对于自己和他人所处的社会环境、位置、层次和地位能够通过广泛地比较进行认识和识别，并利用符号表现自身，以使自己在这个瞬息万变的网络社会中"不被湮没"。因而，传统的物质消费越来越呈现符号化的特点。符号化消费是指人们消费的不仅是商品和服务本身，而且是商品和服务背后内涵的文化意义和其代表的符号价值。物品的使用价值是消费者可以从中获得某种功用的价值，而符号价值则是消费者可以凭借其区别于他人而表现自身与众不同的标识和个性的殊性的价值。正如鲍德里亚所说的，人们对物品的符号价值的追求，植根于人的社会本性——寻求与众不同甚至高于他人的社会地位，或者说，是地位意识支配着人们去追求或消费符号价值。符号化消费关注更多的是商品的品牌价值和文化意义。社会生活网络化既是消费符号化所凭借的社会条件，同时又进一步强化了人们借助符号来表现自身在社会网络中的地位和层次的消费意识。消费者的这种变化会倒逼企业内部以及企业和企业之间做出变化，进而倒逼生产环节发生调整和改变。

7. 生产范围全球化

科技革命极大地促进了生产力发展的同时，全球联系愈发频繁，协作的程度愈发提高。国际分工日益细化和深化。跨国公司的全球化经营成为推动生产活动全球化的主体力量。同时，现代的通信工具以及现代化的运输工具为生产活动的全球化提供了先进的技术支持，从而使跨国公司可以控制遍布世界的生产经营活动。国际分工由同一产业部门不同行业内部不同产品之间的国际分工与国际交换，再到同一行业内部不同产品之间的国际分工与国际交换，再到同一生产过程内部各种零部件之间的国际分工与国际交换，呈现出分工领域拓宽和深化，层次性十分突出。生产的国家边界逐渐被突破，生产的企业边界也被突破，企业内部的生产经营行为延伸到其他企业。在生产经营分工的基础上，产品的设计开发、加工制造和营销并非由同一家企业完成。处于不同分工层次的国家被有机地组成国际生产体系中不可或缺的部分。世界各国和各地区的生产过程日益形成环环相扣的不可分割的生产链条。

（二）知识经济与创新发展

1996 年经济合作与发展组织（OECD）发表了"以知识为基础的经济"的报告之后，知识经济来临已被普遍认同，并加以广泛研究。从生产理论的视角来看，知识经济是生产力发展的必然产物，它是以智能和创新为核心的一种全新的社会生产系统。在知识经济时代，生产的时空特点发生了巨大的变化。在高速发展的知识经济社会，创新已成为核心范畴，创意生产成为了生产的重要内容和主要特征。知识、技术等智力资源在经济增长中的作用越来越大，整个社会经济逐渐开始以创新性知识占主导，经济增长方式开始以创意产业成为龙头产业，知识和信息的占有、生产、分配和使用日益成为社会重要的基础。物质财富的增长，主要不是靠增加资源、劳动、资本和场地，而是靠知识、技术等智力资源的作用，带动物力资源的深度开发和利用，创造更大的社会价值。知识经济时代生产的创新性主要体现在以下几个方面。一是从生产的投入来看，主要依靠知识的投入，重点体现为生产企业对研究与发展、教育培训等无形资产的投入日益增多，这些无形资产的投入已经大大超过了对机器、设备等有形资产的投入。而且对前者的投入回报率远远高于对后者投入的回报率。二是从产业结构来看，信息技术加速了产业的分层与结构调整。产业不断地分化出现了不同于以往意义上的农业、工业、服务业。由于信息技术的应用，这些产业也发生了升级，更有高新技术和文化类产业广泛迅速地崛起。这些升级的和新兴的产业的生产过程也需要越来越多的知识投入。三是从产品类型来看，知识经济时代的创意生产集中聚集在信息、文化领域，并已经逐步渗透进物质生产领域的产品设计、人力管理、营销推广等环节当中。四是经济全球化推动创新性生产在全球范围扩展，技术更新速率日益加快，传播的范围也更为广泛。

经济社会环境的变化，必然带来发展理念的变革。过去那种只重视物质资料生产，主要靠人以外的"物"来推进经济增长，继而把发展仅仅等同于经济增长的发展理念，在创造可观的发展成就的同时也付出巨大的发展代价，带来一系列发展问题。随着历史的演进，这种旧的发展理念的发展空间越来越小，已很难适应时代的要求。而真正与知识经济时代相适应的是以创新发展为主导的新的发展理念。所谓创新发展包括理论创新、制度创新、科技创新、文化创新等内容，而科学技术创新是第一位的，是发展生产力的"第一动力"，抓住了它，就抓住了"牛鼻子"。生产力发展的根本动力在于科技进步与创新，这也是马克思主义理论的一个基本观点。

新的发展理念引领新的发展实践。创新作为一种实践，无论是从其形成的自然机理探究，还是从其社会机理分析，抑或是从其价值目标来审视，都离不开人这一生产实践主体。

首先，从自然形成机理上来看，人类的存在是一种不断超越自身和外在限制，动态的、非固化的生存样态，"自由的有意识的活动恰恰就是人的类特性"①。人是实践中的自我生成，创造性乃是"人猿相揖别"最重要的主体特性，创新实践是人的本质要求，也是人实现全面发展的主体条件。马克思在《德意志意识形态》中曾指出，人们为了满足吃喝住穿等基本需要而进行的生产活动是第一个历史活动，这构成人类生存的第一个前提。"已经得到满足的第一个需要本身、满足需要的活动和已经获得的为满足需要而用的工具又引起新的需要，而这种新的需要的产生是第一个历史活动。"②可见，在马克思看来，新需要的产生与满足基本生存需要的生产活动是同一过程，这种新需要的产生恰恰体现了人的内在本质的规定性，因而也是创造活动的动力和根据。

其次，从创新形成的社会机制来看，作为实践主体的人正是借助生产劳动，并在其形成的一系列现实关系中使人的创造本性和自主能动的活动得以实现。"整个所谓世界历史不外是人通过人的劳动而诞生的过程。"③生产劳动不仅创造和推进着人的自然生理属性不断发生变化，而且现实地创造和推动着人的社会属性的日益完善和发展，它是一个包含有物质生产、精神生产和社会关系生产的全面的、总体的生产实践过程。而创新实践贯穿于生产实践活动的不同领域和不同层次，为人类社会结构注入新鲜的血液，改造提升社会生产力，变革完善以生产关系为基础的各种社会关系，不断提高人们的文化水平，日益丰富人类的精神世界。与生产的全面性、总体性相适应，创新也是涉及经济基础和上层建筑、生产力和生产关系，整个社会生产全系统、全要素、全方位的变革。理论创新、制度创新、科技创新、文化创新相互渗透、

---

① 《马克思恩格斯全集》第3卷，人民出版社2002年版，第273页。

② 《马克思恩格斯选集》第1卷，人民出版社1995年版，第79页。

③ 《马克思恩格斯全集》第3卷，人民出版社2002年版，第308页。

相互影响。人们对现存的超越从观念更新开始，理论创新则是社会发展和变革的先导，既为各种创新提供思想依据，也为各类创新提供方法指导；制度创新为持续创新提供原动力和体制机制的保障，为创新实践创设良好的外部环境，激发各类创新主体的活力；科技创新是社会发展与进步的核心和根本支撑力，构成创新实践的物质基础和动力之源；文化创新是精神动力和源泉，为创新实践培植软实力、增强社会凝聚力。它们彼此互为中介，构成一个整体，共同承载着社会和人的发展，构成经济社会发展的推动力量。

最后，源于人类创造性本能冲动并伴随人类生产实践活动始终的创新实践，同时也是主体人内在的自我生成过程，它与社会生产发展的总体价值目标内在一致，都以人的自由全面发展为根本价值旨归。生产力是社会发展中最活跃的力量，是人们生产实践活动的集中体现，标志着一定社会发展水平和所处的层次与阶段，同时，构成一定社会现实活动关系的根据，形成历史发展的前提和条件。"各个人必须占有现有的生产力总和，这不仅是为了实现他们的自主活动，而且就是为了保证自己的生存……对这些力量的占有本身不外是同物质生产工具相适应的个人才能的发挥。仅仅因为这个缘故，对生产工具一定总和的占有，也就是个人本身才能的一定总和的发挥。"[1] 可以说，一部人类社会的历史，就是一部不断创新的历史，也是一部不断追求人的自由全面发展的历史。伴随人类社会历史实践活动不断推进和拓展，人的社会关系不断发展和演变，人这一创新主体在不断创造新世界的同时也在不断创造着自身，人的本质力量在人的创新实践活动中得以体现和确证，人的素质在这一进程中得以不断提升，促使着人向自由全面发展。借助生产劳动一般性质的区分，马克思把人的发展从低到高概括为三个

---

[1] 《马克思恩格斯选集》第1卷，人民出版社1995年版，第129页。

阶段：以自然经济为基础的人的依赖性阶段，以市场经济为基础且建立在物的依赖性基础上的人的独立性阶段，以及建立在个人全面发展和他们共同的社会生产能力成为他们的社会财富这一基础之上的自由个性阶段。[①] 在这一发展过程中，高度发展的社会生产力及其创造的社会物质条件，是个人全面发展的现实基础。而社会生产力的进步和人的自由全面发展都要凭借创新这种主体性的活动来得以实现，同时又以人的主体性发挥为自身的内容。概言之，知识经济既是生产力发展的必然，又是更能促进生产力发展的经济形态。它不是用智力取代物质，而是以智力资源的开发带动物力资源的开发，更加凸显生产实践主体人的创新主体地位。知识经济时代秉持创新发展的发展理念，正是对主体人的价值的尊重与强调，也即是说，创新的主体是人，创新是为了人自由全面发展，创新的价值在这里得到升华。

（三）创新劳动与价值创造

伴随科技革命进程的不断深化和知识经济的到来，科技进步在生产过程中的作用日益显著，甚而成为位居第一的推动因素。与此相应，现代生产力已发展到一个崭新的历史阶段。新材料、新技术以及自动化生产方式的广泛运用，出现了大量"无人车间""无人工厂"；虚拟技术广泛应用于各领域，智能化、网络化变革着社会生产方式，也改变着我们的生活。在知识经济时代，价值的源泉究竟何在？劳动价值论还有效吗？围绕有关这些问题的争论，人们产生了种种疑问与困惑。现代科学技术的运用促进了劳动生产率的提高，劳动尤其是直接劳动在创造财富方面的作用越来越小，而只需投入较少的活劳动就可以利

---

① 参见《马克思恩格斯全集》第30卷，人民出版社1995年版，第107—108页。

用先进的机器设备带来巨大的社会财富。这种现象是否意味着机器等生产资料也参与价值形成过程，创造价值？而知识经济时代知识在经济增长中的作用越来越大是否说明劳动价值论已经失效，知识已取代劳动成为价值的源泉呢？

诚然，知识经济时代的生产劳动发生了很大的变化。首先，科技革命特别是信息技术的发展，使劳动形态发生重大变化，出现了现代的科技劳动、管理劳动和服务劳动。随着计算机等信息技术的发展，社会生产力系统的诸要素、生产管理、生产流程以及产品都开始发生转变：劳动力由体力型的大量投入，转变为少量文化科技型人才；生产工具由粗大笨重的普通机器，变为精细灵巧的智能机器；劳动对象由天然的原材料变为优质的人工合成材料和新型能源；生产管理由经验管理转变为系统化的科学管理；生产过程实现了自动化、数字化、虚拟化；许多产品的商标、品牌的文化理念设计在商品价值中所占的比重则越来越高。科学技术不仅广泛应用于生产，而且大量高新技术产业开始出现并快速发展。管理从微观到宏观，服务从生活领域到生产领域，越来越广泛。随着劳动形态的变化同时带来财富构成的巨大改变：价值构成的主体不再是工业经济时代的简单的体力劳动，而逐渐转变为知识经济时代的复杂的智能型劳动。

其次，知识经济的迅猛发展，特别是信息网络的飞速发展加速了生产劳动全球化与一体化的进程。知识网络的形成和国家创新系统的发展加强了政府、企业、科研机构、高校和中介组织间的联系，缩短了科学技术向现实生产力转化的时间。在经济全球化与科技一体化的今天，商品价值的实现将不仅仅取决于本国的社会平均必要劳动时间，而且更取决于国际社会必要劳动时间。只有生产商品的个别劳动时间低于生产该商品的国际社会必要劳动时间时，商品的生产者才会在竞争中处于优势地位，实现商品的价值。

再次，科学技术应用于生产过程使生产商品的劳动人员数量逐渐减少而劳动价值则迅速增加。知识经济时代，由于机械化、智能化、自动化介入生产使社会生产逐渐呈现出无人化的趋势，"无人工厂""无人商店"已经成为知识经济的突出特点。然而，劳动的减少并没有直接地导致工人创造价值的减少，相反，劳动的减少导致了劳动生产率的大幅度提高，剩余价值大大增加。通常，所谓"无人车间"，只是整个生产过程的一个环节，生产过程背后有着庞大的科研和管理队伍，他们为产品研发、技术创新、完善管理制度而付出的高质量复杂劳动创造出更大的价值。

最后，无形资产在价值创造中的作用越来越大。知识经济以知识、信息等智力成果为基础构成的无形资产的投入为主，企业的真正价值不是取决于公司拥有的卡车、流水线、设备和其他有形资产，而是更多地取决于公司所拥有的信息、技术及其控制和掌握的专利。资金投入在知识经济时代依然很需要，但是信息、知识、智力的投入却变得更为重要。

知识经济时代，人与自然的关系随着知识掌握程度而发生改变，人们掌握的知识越多，对于自然的认识和了解就越发深入，对自然环境和资源的利用和开发程度也就越高。但知识并非一种外在于人的独立的物质性存在，其实质是"创新"劳动的结晶。因此，知识经济的本质其实就是"创新"，而其中最关键和最核心的因素则是作为创新主体的人，知识化的、创新型人才是知识经济时代最有价值的资源。在许多新兴行业中，甚至在一些转型升级的传统行业中，劳动者的体力都已不再是劳动力的主要内容，取而代之的是表现在生产力中人的智力因素。创新活动只能是人的活动，即人的智力劳动。

对劳动价值理论当代价值的疑问与模糊认识部分源于现实的生产已经发生改变，而我们对生产劳动范畴的认识仍停留在过去狭窄的有形的物质资料生产范围。马克思当年所阐释的是资本主义机器大工业生产体系形成时期生产劳动的特点，分工虽已有很大发展，但分工链条仍相对简单，基本还是按照使用价值的内容划分的行业部门分工，生产所需的社会协作程度也较小，企业和部门间的生产协作、紧密依存的关系相对一般。体力劳动和物质生产在总体上仍是普遍形态物，非物质生产所占的比重还比较低。因此在整个社会的范围内，也还可以并且只能孤立地、分别地考察各种不同劳动的生产性。如今在信息化的发展趋势下，单纯从功能性、物质性和技术性的角度来考察商品生产已远远不够，商品生产的标准不断复杂化和多元化，日益成为经济、社会与文化等多元符号相结合的建构过程。无论是物质生产部门还是非物质生产部门，抑或是为物质或非物质消费资料提供服务的部门，各部门之间及其内部，日益呈现出不容忽视的结构性联系。生产劳动既具有质的规定性，还具有量的规定性。整个社会的生产都须以社会需要为依据按比例进行。如果超出相应的比例，那么虽然创造了物质产品，但却非但不能增加社会财富，反而会造成资源的无做耗费。而且任何一个部门的发展如果受到忽视，都会使整个社会生产的比例关系遭到破坏，甚至影响整个经济的发展。在信息技术时代，重要的并非信息技术本身，而是信息技术与信息服务的系统结合，广泛应用于社会生产生活，从而产生的整体结构性效应。

生产的社会化、经济的全球化使得各个国家、地区乃至企业间的联系日益紧密。我们不能再用简单孤立的眼光来看待生产，现实的生产劳动更多地成为社会系统中的总体性的生产劳动，传统理解的生产劳动范畴应随着时代的发展对其外延和内涵进行拓展和丰富。

现代生产的突出特点是分工更细、各部门和各环节联系更紧密，总体生产的特征更突出，而现代信息网络技术则更加强化了这些特点。在那些自动化、智能化程度很高的企业里，生产一线直接操作自动化装置的生产工人，以及那些参与设计、研发、制造、调试设备的科研和技术人员，甚而那些参与指挥和组织生产的管理人员也都是生产人员，他们共同构成马克思所说的"总体工人"。"产品从个体生产者的直接产品转化为社会产品，转化为总体工人即结合劳动人员的共同产品。总体工人的各个成员较直接地或者较间接地作用于劳动对象。因此，随着劳动过程的协作性质本身的发展，生产劳动和它的承担者即生产工人的概念也就必然扩大。为了从事生产劳动，现在不一定要亲自动手；只要成为总体工人的一个器官，完成他所属的某一种职能就够了。"[①] 而且，信息、知识等要靠人来掌握，来接收，来储存，来利用。如果离开了人，离开了人的生产劳动，什么信息、知识也不会形成产品，什么信息、知识也不会创造价值。技术资本只有与信息资本、知识资本、物质资源资本和人力资本，共同形成科学合理的要素资本结构，才能发挥最大的作用。各种劳动者只有作为总体劳动者的一个有机组成部分，按照一定的比例和方式互相协作，他们的劳动才是生产性的，对于价值创造也才是有效的。

创新性的活劳动既可以通过物质生产领域表现出来，也可以通过非物质生产领域加以呈现，它在掌握现代科学技术的生产劳动者那里凭借各种具体的劳动形态表现出来，既包括具有高科技技能的劳动者的科技创新劳动，又包括现代管理者和经营者在制度创新基础上的管理劳动，还有文教工作者探索文化创新的创意思维和精神劳动，更离不开理论工作者理论创新的智力劳动和理论探索。今天的社会分工体系越发

---

① 马克思:《资本论》第1卷，人民出版社2004年版，第582页。

使生产劳动成为一个有机的结构整体，财富的创造更多的是物质生产部门和非物质生产部门共同劳动的结果。

与此同时，我们不能将创新型劳动与物质生产劳动做简单的比照，不能简单机械地以劳动时间来决定其价值大小，其价值更多地决定于其使用与实现的过程。创新型劳动虽然较多地表现为微观的单个劳动者的成果，但其成果的产生过程和社会劳动价值的创造与转化过程却不得不依赖一定的社会生产环境和生产条件，且必须通过改变社会正常生产条件来实现，也就是将创新型劳动成果向全社会生产结构的渗透扩张来实现。离开社会生产环境和生产条件的变革和完善，创新型劳动的个体生命力量的消耗不可能创造任何劳动价值，更遑论社会价值的转化了。观念的创新只是创新劳动的起点，而并非创新的全部过程，好的观念必须与现实条件结合，借助多样的现实平台真正落地才能改变现实的社会生产条件，从而创造出新的更大的价值。

二、"互联网＋"时代的社会生产

随着计算机技术的普及，计算机网络逐步渗透进人们的日常生活，并日益与社会生产生活紧密结合。透过互联网这个聚合、转化、加速平台，信息技术在经济社会生活各领域得以广泛深度应用，"互联网＋"时代已然来临。

"互联网＋"是把互联网的创新成果与经济社会各领域深度融合，推动技术进步、效率提升和组织变革，提升实体经济创新力和生产力，形成更广泛的以互联网为基础设施和创新要素的经济社会发展新形态。[1]

---

[1] 《国务院关于积极推进"互联网＋"行动的指导意见》，http://www.gov.cn/zhengce/content/2015-07/04/content_10002.htm。

（一）"互联网 +"倒逼传统产业转型升级

我们生存的世界正处于数字化的信息漩涡中，互联网亦呈跨越式急速发展，数字化与互联网技术的快速发展与广泛应用，带来了生产方式的革命性变革。

"互联网 +"是以互联网为主的信息技术在经济社会生活各领域的深度应用，借助这个平台，信息流、物流、知识流等逐渐实现全球流通，人类社会进入所谓的"大数据时代"。大数据时代强化了数据的资源性特征，便于使用者在海量的繁杂数据中，获取与其决策相关的信息，满足决策需要。互联网的核心价值就是：借助网络和人工智能节点，需求被细分、量化，与此相应，生产也同样被细分和量化，在人工智能辅助下最终达到了以最小的资源最大可能地满足需求的终极目标。借助大数据的数据批量处理功能，信息共享得到强化，传统生产中供需方信息垄断、不对等或传导滞后的局面逐步被打破，极大地降低了交易的成本，提高了交易的效率。同时，大数据还有利于供给方挖掘社会需求潜力，发现新的需求愿望，不断催生许多新产业、新业态，带动相关产业持续、稳定地发展，同时也进一步倒逼传统产业转型升级，提升竞争的实力。

传统产业多为劳动密集型、以制造加工为主的行业。多以大规模生产为主，其优势在于能够大规模重复制造和标准化生产，容易形成规模经济。传统产业也被称之为"大烟囱工业""流水线上的工业"，它同资本主义制度一同诞生，并一度被视为资本主义工业文明的象征。然而随着科学技术的发展，以电子化、信息化、自动化、网络化、数字化为代表的新经济浪潮对全社会各行业、各部门加速渗透和扩张，直接影响并冲击着传统产业的发展。部分高耗能、高污染、资源性的传统产业由优势行业逐渐变为弱势行业，竞争力不断下降。加之一些传统产业流通周期长，资金投入大，市场需求反馈信息滞后，智能化、网络化水平不高，面对市场变化和"互联网＋"时代人们瞬时多样的需求，缺乏及时快速的反应，致使产能过剩，库存积压严重。

而互联网作为技术平台、底层架构，渗透性极强，它正深刻改变着传统的生产方式、消费方式、商业模式和管理模式。互联网虽非直接生产力，但经与各行业融合，能够加速传统产业的转型升级，并创造出许许多多的新产业、新业态。传统产业转型升级的突出标志是数字技术、信息技术、智能技术和互联网技术在传统产业中的应用。互联网对传统产业影响主要集中在产品走下生产线，从原来限定为价值创造环节，包括供应链、设计、流水线、库存等的"后台"，走向了接触消费者的"前台"，制造与服务的界限正逐渐模糊。如传统制造业，在"互联网＋"时代，其提升发展的真正机会，不是仅仅在前台"上网"，更是要通过重新组合后台要素来加以驱动，其生产流程和价值体系得到重塑，产品的外围竞争力获得了提升。信息技术与制造业的融合所带来的产业变革正在给整个行业带来极其深远的影响。"互联网＋制造"的探索已初露端倪，不少企业在生产方式、组织结构、商业模式等方面进行了一系列新的尝试。例如，工业互联网领域常见的 C2B 商业模式（Customer to Business，即消费者到企业），就将传统工业制造大规模产量、低成本的生产方式变成了小规模产量、多品种、个人定制式的消费主导型的生产方式。技术手段的提升、信息（数据）开放和流动的加速，以及相应带来的生产流程和组织变革，生产样式已经从"工业经济"的典型线性控制，转变为"信息经济"的实时协同发展。总之，互联网结合大数据、云计算、智能分析、柔性制造等技术，已经具备了定制产品批量生产的能力，生产将由规模经济逐步转向以个性化为特征的范围经济和智能制造。当前，互联网已从单一的技术工具演进到提升产业价值、重构产业生态、调整产业结构的重要力量。

面对信息技术时代所带来的变化，德国学术界和产业界普遍认为，未来若干年，基于信息物理系统（Cyber-Physical System，CPS）的智能化，将使人类步入以智能制造为主导的第四次工业革命。产品全生命周期和全制造流程的数字化以及基于信息通信技术的模块集成，将形成一个高度灵活、个性化、数字化的产品与服务的生产模式。于是，德国政府提出"工业4.0"的高科技战略计划，旨在提升制造业的智能化水平，建立具有适应性、资源效率及基因工程学的智慧工厂，在商业流程及价值流程中整合客户及商业伙伴。其技术基础是网络实体系统及物联网。"德国制造"成为继英国和美国制造之后出现的一种独特的产业发展模式。目前，"德国制造"的机械设备产品一半以上都应用了微电子控制，而十几年前这个比例还不到5%。由于微电子控制技术广泛应用于生产过程，从而降低了废品率，提高了机器的精度，同时又使设备有很大的柔性，使产品更加多样化，初步实现从高耗能、高物耗、低附加值，向低能耗、低物耗、高附加值的新兴制造业转变，推动了传统制造业的可持续发展。"工业4.0"展现了一个全新的工业蓝图：在一个"智能、网络化的世界"里，互联网、物联网和务联网（服务互联网）将渗透到所有的关键领域，创造新价值的过程逐步发生改变，产业链分工将被重组，传统的行业界限将消失，并产生各种新的活动领域和合作形式。

经过几十年的发展，中国已经迈入世界工厂、跻身全球制造业大国的行列。中国工业拥有较完整的供应链条，且产业门类齐备，并具有相对独立完整的工业体系。有学者指出，尽管中国已经成为制造业大国，然而并非制造业强国；虽然可以称为机械大国，但还算不上机械强国。从总体来看，中国制造业还处在价值链的底端，从"大"到"强"还有着很长的路要走，绝大多数工厂还处于劳动密集的"规模化流水线"的工业2.0时代，尚未踏入大规模自动化生产的工业3.0时代，更不用说是信息化和工业化深度融合的工业4.0时代了。新一轮技术创新浪潮，特别是信息网络技术的应用，对世界制造业的生产方式、发展模式、产业形态、组织方式、发展格局等都产生了深远的影响，并带来深刻的变革。如今，中国经济发展已进入速度变化、结构优化、动力转换的新常态，学习和借鉴工业4.0的理念，顺应新一代信息技术与制造业融合发展的趋势，具有十分重要的现实意义。作为世界第二大经济体，中国政府在2015年推出实施强国战略的第一个十年行动纲领《中国制造2025》，主动应对新一轮科技革命和产业变革，把智能制造作为信息化和工业化深度融合的主攻方向，加快推进制造业创新发展，全面提高传统产业研发、生产、管理和服务的智能化水平，推动我国制造模式从"中国制造"向"中国智造"转变，实现从制造大国向制造强国转变。推动实施国家制造业创新中心建设、智能制造、工业强基、绿色制造、高端装备创新等五大工程。旨在以加强顶层设计，加快建立以创新中心为核心载体、以公共服务平台和工程数据中心为重要支撑的制造业创新网络和机制，大力发展先进制造业，改造提升传统产业，在应对新技术革命的发展中，实现高端化跨越发展。

（二）"互联网＋"催生新兴产业、激活创意产业

以互联网为代表的联接型技术逐渐渗透入各行业，引发了以融合为特征的信息革命，传统产业与信息技术的深度融合将催生出新兴业态和新的产业模式，也促进了创意产业的急速发展。这些以智能、融合、绿色、普惠为特征的新兴产业和创意产业主要体现在以通信、交

通、能源、物流为主的生产性服务业，以及包括教育、网络传媒、影视、阅读、娱乐、社交、电商、旅游等消费和文化领域的新业态。

生产性服务业的发展水平，是衡量一国经济现代化程度的重要标志。当前，新兴信息网络技术已经渗透和扩散到生产性服务业的各个环节，催生出各种基于互联网的新兴服务业态，并成为互联网经济背景下成长性最高的产业群，在生产性服务业领域引发一系列深刻变革，从技术应用、服务内容、商业模式各方面都对现有的服务业带来巨大的促进和提升。通信、交通、能源、物流互联网等新技术正在为产业发展和改善民众生活创造无限可能与潜力。互联网对现代服务业最深刻的影响在于商业模式的变革。互联网不仅是一种技术手段，更多的还是一种全新的思维模式，包括社会化协作、开放式创新、扁平化组织等关键要素。

同时，数字信息技术和网络技术的应用与普及，也带来了文化生产、文化传播和文化创新的重大革命。文化是民族凝聚力和创造力的重要源泉，在当今世界进入知识经济的大背景下，文化同科技一样，其发展和繁荣越来越成为提高一国综合国力和国际竞争力的重要手段。在全球化的维度下，经济日趋一体化，互联网的迅速发展，形成了所谓的"地球村"；其他产业尤其高科技行业已经日益因全球化而趋同，但一国文化却是别人替代不了的。每个民族每个国家都有自己独特的文化历史，各个民族的差异化很明显，如果没有关注自身的文化资源，没有对本土文化进行产业化发展，本土文化就会受到其他国家文化产业浪潮的冲击。因此，现在世界各国都越来越重视发展文化的"软实力"。通过促进文化的产业化，发现文化的价值，以产品和服务的形式来凝聚文化，并以消费的形式来传播文化，也即发展文化产业。文化作为一个产业通常是一个由市场化的行为主体实施的，以满足人们的精神文化消费需求为目的而提供文化产品或文化服务的大规模商业活动的产业集群。纵观如今的第三产业：教育、影视、广播、电视、科学研究，很大一部分都属于文化产业。互联网和数字技术的发展极大促进了数字文化产业的发展。"互联网＋文化产业"正是利用信息化、物联网、智能化等创新技术，将文化产业带入新的大环境之下，实现产业的逐步升级转型。由互联网带来的新媒体、自媒体、大数据、网络广告、移动电商等数字化网络技术所创造出来的新业态都是文化内涵和互联网产生高度融合产生的新的业态。随着互联网和数字技术的广泛普及，动漫游戏、网络文学、网络音乐、网络视频等数字文化产业迅速发展，已经成为目前群众文化消费的主产品。以数字技术、互联网技术、信息通信技术为主要特征的现代科技，与文化产业相融合，打通了通讯、传媒、娱乐等多个领域，融合了影视、报刊、图书、移动通信设备等多种载体，不断催生出新兴文化业态。文化产业与互联网融合、对接，衍生出网络游戏、网络视听、网络出版、网络动漫、网络文学、网络广播、网络杂志、网络电视、博客、网络直播等文化新业态；文化产业与移动通信网融合、对接，衍生出手机短信和彩信、手机广播电视、手机出版、手机报刊、手机动漫、移动多媒体广播电视以及以微信、QQ、微博和智能终端为重要介质的新媒体、自媒体等文化新业态；文化产业与广播电视网融合、对接，衍生出车载移动电视、有线数字电视等文化新业态；再如由文化与金融交互融合而产生的影视众筹等；还有与动漫产业相关的周边衍生品开发，等等。在产业融合的大趋势中，文化产业的规模和边界将进一步扩大，文化产业的内涵将不断丰富，新兴文化业态将不断涌现。从文化发展的视角上看，移动互联状态之下，种种具体文化形态在互联网上形成的网络传播、综合虚拟功能，特别是有了移动概念以后，在便捷化、分散化、定制化、对应个性化选择方面，都前所未有地体现了它的功能升级与吸引力。

　　连接在文化与产业（或产品）之间至关重要的环节就是创意，创意指富有创造性的想法、构思、意念、主意。而实现创意就必须依靠科技手段。文化创意走向产品、产权和消费的过程，是整个文化产业链形成的过程。这也充分体现了文化与科技融合，创意设计服务与相关产业融合发展的思维。文化产业是对知识作为最具活力、最具价值创造力、最具可持续的生产要素的广泛认同，其核心是基于"智力创造"，离不开大众传播。文化产业发展到一定阶段一定要进入创意产业和创意经济的新阶段，这是顺应国际整体发展的必然趋势。虽然各个国家和地区关于创意产业的内涵和范畴界定还不一样。学术界也还有争论，但创意产业发展的意义已远远超过其作为一个新兴产业在产业层面上的作用，而更在于对传统经济发展模式的颠覆和实现创新。互联网为创意产业提供了更高效、便捷的集聚平台，可以将分散在全国甚至世界各地的资源讯息集中在一个网络平台进行全方位展示，同时打破了其与市场需求之间的信息不对称，使其可以挖掘更多用户的潜在需求。创意产业是无边界产业，它可以融合到任何产业里，并以一种新的思维方式提供新的发展模式，实现产业的升级和创新。它推崇创新、个人创造力，强调以信息技术为代表的当代科学技术与文化对经济的支持与推动。由于创意产业概念，并不涵盖科学技术上的创造发明，而专指文化领域中的创新，因此，更明确地称为文化创意产业。最早提出"创意产业"概念的英国将该产业分为13类，包括广告、建筑、艺术品和古玩市场、工艺品、设计、时装、电影与录像、互动休闲软件、音乐、表演艺术、出版、电脑软件、电视和广播。文化创意产业有两个必须的条件，缺一不可：一是同文化相关的创意，二是要能形成知识产权的科技行业。而互联网的进入使得文化产业进入了一个全新的高端化发展历程，也使文化创意产业拥有了科技的支撑。纵观当今世界，以科技和文化产业相互融合为代表的创意经济已成为欧美等发达国家经济发展的重要推动力量，如今文化创意产业已成为各国文化产业的源头和原动力，日益成为其基础和主干。创意产业的主体就是个体，文化和艺术的行业都是个体的行业。个人的创造力与素养是整个文化创意产业的最关键环节，是产业链条的基础。这个产业最核心的东西就是"创造力"。也就是说，文化创意产业的核心其实就在于人的创造力以及如何最大限度地发挥人的创造力。"创意"是产生新事物的能力，这些创意必须是独特的、原创的以及有意义的。因此文化创意产业其本质就是一种"创意经济"，其核心竞争力就是人自身的创造力。由原创激发的"差异"和"个性"是文化创意产业的根基和生命。互联网为创意产业提供了高效、便捷的聚合平台，其真正作用在于更好地释放和解放人的创造力。同时，鼓励创新、包容个性的宽松的社会舆论环境也对创意产业的发展提供了推动作用。而这里最核心、最关键的依靠力量还是具有无限创造力的人本身。

（三）从"总体工人"到"创客"一族

在知识经济时代和信息化时代，生产的主体与传统制造业时代已经有了很大的不同，无论是雇佣劳动的具体形式还是劳动阶层的分化，以及劳动者的生存状态都发生了很大的变化。在经济全球化背景下，由于资本生产的全球化、知识化、专业化、技术化、社会化发展，雇佣劳动朝着异质化方向演变，古典意义上的雇佣劳动者在减少，以知识和服务为中心的新型雇佣者开始增多。

特别是近年来，信息技术与生产技术进一步融合，重构了传统的制造业和创新活动的边界，"创客"一族开始崛起，并在互联网时代蓬勃发展。"创客"在英文里是"Maker"，特指那些酷爱科技创新、热衷实践创造的个人及其群体，他们常以分享创意和交流思想为乐。"创客"一词最早由加拿大裔英国科幻作家科利·多克托罗（Cory Doctorow）提出，多克托罗在他2009年创作的小说——《创客》（Makers）中写道，"'通用电气''通用磨坊'以及'通用汽车'等大公司的时代已经终结。桌面上的钱就像小小的磷虾：无数的创业机会等待着有创意的聪明人去发现、去探索。"[1]随后，美国人戴尔·多尔蒂和克里斯·安德森进一步将创客理念宣扬开来。安德森在其《创客新工业革命》一书中断言，开源创新是互联网胜利的秘密所在，并认为这会是下一次工业革命的引擎。他指出，"建立在高科技数字制造之上的'创客运动'赋予了普通人利用大型工厂按需制造产品的能力。"[2]

在新经济时代，创客被誉为互联网时代产业创新的关键力量，俨然已成为引领全球新工业革命的新的助推器。创客何以有此颠覆性的作用？它与生产何关？与"总体工人"又有怎样的联系？创客在生产中的地位和作用是怎样的？这些问题值得我们深入探讨。

马克思在《资本论》第1卷第五章中曾指出，"这个从简单劳动过程的观点得出的生产劳动的定义，对于资本主义生产过程是绝对不够的。"[3]他进而在第十四章进一步指出，"随着劳动过程的协作性质本身的发展，生产劳动和它的承担者即生产工人的概念也就必然扩大。"[4]从而提出了关于"总体工人"的概念。

---

[1]　Cory Doctorow. *Makers*. UK/ Voyager: Harper Voyager, 2009. p.4.

[2]　[美]克里斯·安德森：《创客：新工业革命》，萧潇译，中信出版集团2015年版，第92页。

[3]　马克思：《资本论》第1卷，人民出版社2004年版，第211页，注释（7）。

[4]　马克思：《资本论》第1卷，人民出版社2004年版，第582页。

"产品从个体生产者的直接产品转化为社会产品，转化为总体工人即结合劳动人员的共同产品。总体工人的各个成员较直接地或者较间接地作用于劳动对象……为了从事生产劳动，现在不一定要亲自动手；只要成为总体工人的一个器官，完成他所属的某一种职能就够了。上面从整体来看的总体工人始终是正确的。但是，对于总体工人的每一单个成员来说，它就不再适用了。但是，另一方面，生产劳动的概念缩小了。资本主义生产不仅是商品的生产，它实质上是剩余价值的生产。工人不是为自己生产，而是为资本生产。因此，工人单是进行生产已经不够了。他必须生产剩余价值。只有为资本家生产剩余价值或者为资本的自行增值服务的工人，才是生产工人。"①

由此可见，马克思的"总体工人"概念蕴含了以下几方面内容。

首先，生产劳动概念是一个开放性的概念，它会随着生产协作的发展而不断扩展。生产劳动与非生产劳动的划分也并非一成不变，加之现代社会生产分工越来越细，范围越来越广，生产劳动的含义和过程会随着社会的发展而变化。当今，科学技术成为第一生产力，直接生产性劳动较多地被机器所代替，制造业工人比例越来越低。然而在资本主义生产条件下，生产劳动仍以是否为资本创造剩余价值为其实质。生产劳动含义的扩展在一定意义上意味着剥削范围更大、剥削程度更高。

其次，随着生产工人概念的扩大，其内部结构也会变得日益复杂，无论体力劳动者还是脑力劳动者都是总体工人的一个器官。"总体工人"不只局限于物质资料生产部门，还包括一切和生产成品有着直接联系的劳动者，在资本主义社会里，则表现为一切为资本家生产剩余价值服务的人。某一社会集团或个人是否属于工人阶级主要是依据他们在

---

① 马克思:《资本论》第1卷，人民出版社2004年版，第582页。

社会生产关系中的地位而非劳动的性质。工人阶级是一个整体范畴，就当代资本主义社会而言，工人阶级包括体力劳动无产阶级和脑力劳动无产阶级，而且，当前，"总体工人"从体力劳动者向脑力劳动者转化已成为社会发展的总体趋势。产业和职业结构的变化，引起了工人阶级在技术构成上的分层化。其内部可分为四个技术层次：科技知识分子、熟练工人、半熟练工人和非熟练工人。整体上，工人阶级的知识程度和技术水平都获得了提高。这主要是由于在新科技革命的推动下，教育获得飞跃发展，工人平均受教育时间增加，劳动技能和熟练程度也同比提高。信息化社会，改变了劳动的特点，导致劳动分工中脑力劳动的意义突出，工人阶级整体素质明显提升。

最后，随着生产的社会化程度日益加强，单个劳动者无法生产出独立的产品，生产工人日益受制于占主导地位的生产关系，在资本主义社会里，生产则以替资本增殖服务为其本质特征。人的社会性表现为总体性与个体性的统一，由此产生了社会劳动的力量和个人劳动的力量。单个人若离开了"总体工人"这个生产总体，生产活动简直寸步难行。资本逻辑在最大化的程度上开发和利用了这两种力量：一方面在"总体工人"层次上资本极大地推动了社会生产力的发展与历史的进步，另一方面资本在使个体劳动者充分发挥出各种潜能并组成社会生产力的同时，也让劳动者在个体层面日益局限于僵化的"总体工人"的社会结构，从而陷入"单面人"的发展困境。

"总体工人"建立在社会化大生产的基础上，是机械化、自动化生产的产物，而且附着在机械化、自动化的生产线上。自动化机器设备的应用，替换了一些传统的简单的体力劳动，却将更多的不同工种的生产工人更紧密地固定在生产线上，使工人成为生产线得以正常运转不可分割的一个细胞、一个零件。机器的应用提高了生产效率，减少了用工量，带来大量的社会财富，但机器本身却是"总体工人"集体劳动的结果。机器的管理、维修和使用，必须有一个"总体工人"结构作为支撑，任何单个工人脱离开这个结构，都无法作为生产性的存在。

而到了信息化社会，劳动的特点则发生了改变，由于简单劳动逐渐被机器替代，导致劳动分工中脑力劳动的意义日益突出，工人阶级整体素质明显提升。而且，互联网快捷的信息传递与资源共享，释放了用户的深层需求。创客的兴起，从某种意义上说则为劳动者走出僵化的"总体工人"社会结构带来了变革的力量。

创客的崛起体现了互联网对用户的彻底解放，从本质上讲，创客来自生产过程外部，其原初目的是追求自身创意的实现，而非创业和盈利。是否具有商业价值并非其追寻的核心，如何制造各种好玩的东西、用技术去实现天马行空的想法，如何让更多人能感受到这种乐趣，才是创客真正关心的问题。从这个意义来看，创客其实是用户、是消费者。创客是在消费可支配的生产流程的过程中，体验自主设计制造的乐趣，进而实现创新。

值得肯定的是，创客的出现，改变了传统产业高成本、点式的、相对封闭的创新模式，呈现为一种低成本、流式的、开放共享的创新样态。创客的兴起与发展体现了产业发展的时代性与体系性，它是互联网时代产业发展的衍生物，也成为整个产业创新模式嬗变的体现。这一原本来自生产过程外部的革新力量已经成为整个产业创新的主体性力量。互联网时代的创新已经泛化，不断涌现的无序的创新创意让整个创新活动呈现出流式变革。与传统时代的产业工人大都局限在一个有限的圈子里，由企业、学术机构作为创新的主体有所不同，创客借助互联网开放的信息平台，不仅可以自主提出产品需求，甚至还可以自主设计并利用3D打印等新兴制造技术实现个性化制造。在这个意义上又可以说，创客是一种创新型、自主型的生产者。

创客代表的是一种创新力量，作为传统时代创新的主体，企业在互联网时代的创新能力越来越取决于其整合利用开放的创客资源的规模上。当个体成为普遍现象，新的模式就出现了。从这个意义上来说，创客又可以同创业密切相连，创客文化带来创业文化的发展。一些大城市依托创客空间为创客们提供实现创意和交流创意思路及产品的线下和线上相结合、创新和交友相结合的社区平台，形成独具特色的创客文化圈和颇具规模的创客产业链，带动了当地的经济文化发展，体现了创客文化对产业升级和经济文化发展的深远影响。与此同时，互联网络正在革新和迅速替代知识界古老的科研传统，纵横交错的网络和信息沟通与交换将全球的科研人员联结起来，互通有无，新的科研方式和方法更加推动了创意文化的发展。

创客的出现进一步体现出知识的生产逐渐成为主要的生产形式，知识成了创造财富的主要资源。这种资源具有可共享、可倍增的特点，而且似乎可以被"无限制地"进行创造。然而，值得注意的是，创客并没有完全脱离现存的生产系统和"总体工人"的结构支撑，任何创意的付诸实践甚而推而广之，仍需要借助整个社会的物质生产条件，同时少不了一定团队的支持和辅助。有些看似独立的创客，其实发挥着"总体工人"这台大机器上一个齿轮的作用。但创客的出现作为一种创新的力量，毕竟为劳动者走出"单向度的人"的束缚带来了新的思考。总之，信息时代人们更加个性化的活动和相互之间更加普遍和广泛的信息交换日益成为发展的主流，在这一过程中，人力资源的重要作用甚至胜过了货币资本，这也为人的自由全面发展提出了更高的要求。

第五章　虚拟经济、消费社会的生产批判

当今世界，虚拟经济已经成为一种非常重要的经济形式，它所生成的虚拟生产力和虚拟生产关系正以一种前所未有的方式改变着社会生活的各个领域，也在变革着人们对价值、财富的传统看法。与此同时，在信息化的发展趋势下，商品生产已不是一个纯技术、纯物质性或功能性的标准，而是一个经济与文化符号相结合的建构过程。人们的消费行为从一种经济行为转向一种文化行为，消费活动已经摆脱了对物的使用属性和功能的消费，进入了鲍德里亚所说的符号消费。虚拟经济何以可能？它与社会生产有着怎样的联系？它又会带来怎样的机遇和风险？消费社会的种种幻象产生的根源究竟是什么？又有着怎样的内在逻辑？这些已成为马克思生产理论无法回避的重大理论和现实问题。

一、虚拟经济与数字化生活的内在逻辑

相比较于工业时代模拟或有形的信息，在信息时代，信息开始以数字形式传递，由于信息数字化并通过网络传播，大量的信息可被浓缩并以光速更加高质量地传送。信息的数字性传递，对经济社会生活

等许多方面都产生了重大影响。

（一）当代人生产生活的数字化与"虚拟化"

20世纪后期兴起的虚拟技术是一项崭新的、综合性的信息技术。虚拟技术正日益向人类社会的各个领域如科学、经济、政治、文化等不断渗透，并掀起了一股虚拟化的浪潮，对人类的社会生活正在产生巨大影响。当前，以计算机技术、网络技术为代表的虚拟数字化技术的兴起不仅是作为工具的技术革新，它们还导致了人们的生存方式、实践活动方式等发生巨大的转变，在某种意义上，这些技术改变了我们这个世界，也改变了我们人类自身。美国消费电子协会首席经济学家肖恩·杜布拉瓦茨博士在《数字命运》一书中讲到，我们已然处在一个将彻底改变人类生活方式的革命的边缘。大数据已渗透到人类生活中的每一个角落，并改变着人类的生活、工作与思维。这种由数字技术和数字化产品带来的全新的更加丰富多彩和具有更多自由度的生活方式被称之为"数字化生活"。这是依托互联网和一系列数字科学技术应用为基础的一种生活方式。信息作为知识、产品乃至人类生活过程本身的对象性凝结，越来越成为生活不可或缺的部分。这种作为生活方式的数字化存在并非外在于生产，相反，这种"数字化生活"直接关涉整个社会的大生产。现代生产往往从生产到生活，再到信息，再由信息到生活，再回到生产，形成一个生产的大循环。

数字化网络不仅改变了人们接收、处理转化、发送信息的方式，而且改变了信息本身的生产和存在方式。以数字化、智能化、互联网为核心的互联网革命，表现为消费者驱动型的革命，通过对消费者和消费行为的数字化、连接化反过来变革大机器、大生产时代的生产生活模式。在拓展人们交往空间的同时，也重新调整了人与人、人与社会乃至人与自然之间的关系。人类的思维方式在数字化网络技术的影响下也发生了改变，由线性思维发展为非线性思维。人类的生产、生活、交往等行为方式都发生了改变，甚至教育和学习方式也产生了巨大的变化。所有这些，共同构成一种崭新的组织模式，释放出空前的生产能力。

随着信息传递的数字化，大量的经济事务逐渐从实物性转化为虚拟性，改变着经济活动本身的性质，而且也变革着经济实体之间的关系，还使人与人之间的交往方式发生根本的改变。各种经济和社会活动（包括生产和生活）过程都不需要在现场进行，而是通过有关数据化的网络来加以完成。随着银联网络和互联网的快速发展，人们的支付方式日趋多元化、多样化，既有传统的现金支付，也有线下刷卡支付，还有基于互联网的移动支付。越来越多的交易中人们无须手持货币，只要拿起手机扫个二维码就能轻松付款，也少去了找兑零钱的麻烦；消费者将越来越多的资金转到移动支付平台上购买理财产品；还能用手机交纳燃气费、水费、电费等，再不必跑银行排队等候；用手机叫出租车出行已经十分普遍；用手机扫码骑行共享单车也成为了一种时尚，等等。

数字化、虚拟化的网络空间，其技术基础是计算机技术、通信技术、互联网技术以及虚拟化存储技术。由数字化网络技术构建的网络社会，提供了一个超越现实社会种种局限、更加开放地进行自我呈现的生存空间，在这里，主体重新建构自我呈现方式并重塑自我。与现实社会中个体受制于个人生命历程和社会关系羁绊，需努力维持其人格的一致性不同，在网络空间，网民可以同时扮演不同的角色，塑造多个新我，同时展开若干不同的人际交往。在工业社会人际交往的科层制模式中，人们无法完全体验到参与感、归属感和被需要感。而网络社会的崛起，不仅创造了人际交往的新平台，而且创造了人际交往的新模式。在这一过程中，人们收获到不同的自我认同与自我体验，在一定程度上更有利于人的全面发展及个性的解放。

人们在利用数字化技术，把计算机与现代通信技术结合起来而创立的虚拟空间中进行着越来越广泛的信息传播、交流与交往，人们可以在现实与虚拟之间自由穿梭，人们相互之间的社会关系和社会结构变得更加复杂也更加扑朔迷离。数字化生存更新了人的观念，实现了个人化、个性化的生存，也带来了新的生存困境。只要拥有一个 ID 和与之对应的密码，人们就拥有了在网络生存的"绿卡"，人被虚拟成了数字，不仅是网上的身份而且包括网上的行为都被数字化了，数字化生存已成了无法逃避的趋势，在享受数字化带来便捷的同时，人在数字化生存中的异化也成了人们难以摆脱的矛盾。

信息技术在改变了人们的生产和生活方式，促进了生产力发展的同时，也对人们产生了一定的副作用。带来了诸如技术压力、科技成瘾、滥用技术等问题。[1] 在网络社会中，人们的工作时间变得更富有弹性，人类结束了分割性专门化工作的职责，承担了大量搜集信息的职责。由于各类信息流不停息地瞬时传送，无形中将人们捆绑在网络及移动设备上，甚至可以随时处于工作状态，无限延长了人们的工作时间，从而令使用者信息过载与超负荷工作。当企业或公司不断引进先进的信息技术来改进工作、提高工效时，其员工也将不断感受到来自信息技术的强烈的、越来越紧迫的压力。伴随超负荷的工作和额外的技术压力，工人们的焦虑感日益增强，开始渴望摆脱信息技术。然而与此同时，信息技术的快捷、可靠、易渗透、可移植等优势又极易使

---

① 参见程爽、袁振辉：《数字化网络的涌现与人类新的主体性生成》，载《江南大学学报》（人文社会科学版），2008年第6期。

人们对其形成某种程度的依赖，技术成瘾现象相当普遍。网络游戏及其他娱乐、社交软件的便捷和有趣诱使人们在网络上面不自觉地花费了大量时间，信息技术的滥用甚而挤占人们的工作、休息和学习阅读时间，从而对人们的健康和创造力造成慢性的侵蚀。

信息生产并未完全脱离资本无限扩张的逻辑，我们在肯定信息技术为我们的生产、生活带来更多自由和便利，为社会创造更多价值的同时，也不可忽视信息生产背后隐蔽的资本运作的逻辑。

（二）虚拟资本—虚拟经济—金融危机的逻辑演进

现时代经济发展中一个不容忽视的主导趋势就是虚拟经济的规模化发展，由此引发的社会生产的新变化和新问题，成为人们关注的焦点。特别是从1997年亚洲金融危机以来，及至2007年发端于美国，后波及全球且影响至今的金融风暴，其强大的影响力和冲击力给世界经济带来巨大的变化，于是国内关于虚拟经济的研究开始兴起并逐渐深化。关于虚拟经济，人们的理解不尽相同。如有的学者将虚拟经济做狭义和广义的区分，即认为虚拟经济分为资本化定价基础上的资本运行和观念支撑的价格体系。"虚拟经济是以资本化定价行为为基础的价格系统，其运行的基本特征是具有内在的波动性。由于资本化定价，人们的心理因素将对这样的市场起重要作用。如果从广义上来为虚拟经济定义，虚拟经济是观念支撑的价格体系，而不是成本和技术支撑的价格体系。前一个定义是狭义的虚拟经济研究范畴，后一个是广义的虚拟经济研究范畴。"[1]也有学者把虚拟经济看成同实体经济相对应，以金融系统为主要依托，通过虚拟价值循环运动以获取价值增值的经济活动。"虚拟经济是以证券化资产的虚拟价值为内容，以大众资本为

---

① 刘骏民：《虚拟经济的理论框架及其命题》，载《南开学报》（哲学社会科学版），2003年第2期。

其实体经济价值来源，通过对虚拟价值的波动价差的投机，以分割实体经济价值和规避投资风险，而产生的金融流动体系。"①还有的把虚拟经济理解为以信息技术为工具所从事的经济活动，亦即数字经济或信息经济。也有人是在计算机模拟的可视化经济意义上来使用虚拟经济概念的。本书所使用的虚拟经济概念，主要是在由证券化的金融资产的运行所构成的经济活动意义上来谈的，这种经济形式同实体经济相互并列并互动，已成为当代经济的最显著特征。

事实上，虚拟经济并非只是现代经济的产物，货币的出现是虚拟经济萌生的开端，借贷资本的产生是虚拟经济跻身社会经济活动的开始。虚拟经济就是从具有信用关系的虚拟资本衍生出来的，并随着信用经济的高度发展而发展起来。马克思当年在《资本论》中就曾敏锐地发现了当时刚刚产生的证券化资本——股票价值的虚拟性。他通过分析生息资本的运动过程，揭示了生息资本运动与现实运动相分离的表面性特征，认为生息资本是对定期的固定的货币收入的所有权证书，本身并无价值，只能是虚拟的资本，从而首次提出"虚拟资本"的概念。他指出，虚拟资本是随着信用制度的产生而发展的，信用制度是其产生和发展的前提保证，虚拟资本是在生息资本的基础上产生的，起源于货币的支付手段。当商品经济发展到货币所有权与货币使用权分离时，就产生了生息资本，生息资本在借贷形式上的发展就是虚拟资本。而鲁道夫·希法亭则从马克思"货币资本"形态的虚拟资本出发，对股票和银行资本等虚拟资本的具体形式和运行进行了分析，提出虚拟资本具有收益凭证或收益资本化的特点。"信用来自商品交换本身，来

---

① 鲁品越、徐先金：《虚拟经济本质与当代金融危机》，载《江西社会科学》，2009年第5期。

自货币由流通手段转化为支付手段。"①

虚拟经济的发展一方面反映了物质生产和交换从低级阶段向高级阶段的发育过程,另一方面也是货币、资本信用化和信用扩张的结果。虚拟资本是社会化大生产和单个私人资本局限性矛盾的产物,是实体经济发展要求社会财富在组织方式和运动形态上进行相应的调整。无论是借贷资本的产生、股份制的发展还是衍生金融工具的出现都是为了克服单个私人资本的局限性,满足实体经济规模扩大、经济机制的运动需要而产生的;同时实体经济又借助于虚拟经济的运动实现资源优化配置和风险规避的需要。虚拟经济是相对实体经济而言的,实体经济是虚拟经济的基础。虚拟经济是实体经济发展到一定阶段的产物。与实体经济相比,虚拟经济具有高度流动性、不稳定性、高风险性和高投机性的特点。虚拟经济为实体经济提供重要支持。发展虚拟经济可以为实体经济提供融资渠道。一方面通过发行股票债券等方式将社会上闲散的资金集中起来,用于投资实体经济生产扩张;另一方面通过把资金投向有发展前途的企业,购买有增长潜力公司的股票,助力其发展壮大,可以促进资本在不同实体经济间流动,优化资源配置。

在马克思和希法亭的时代,虚拟资本只是对产业资本的虚拟。无论是借贷资本或是股票、债券等都还是对产业资本的虚拟,与产业资本有着比较直接的对应关系。虚拟资本规模、运动包括价格涨落与产业资本的经营与回报情况有着较为直接的联系,虚拟资本的运动完全依附于实体经济,而且虚拟资本的规模有限,尚未构成一个独立的经济形态。而虚拟经济真正作为一个相对独立和完整的运动形态则是在经济全球化、货币虚拟化以及各种衍生金融产品诞生和大规模的交易活动之后。

① [奥地利]希法亭:《金融资本——资本主义最新发展的研究》,福民等译,商务印书馆1994年版,第60页。

随着虚拟资本规模的逐渐扩大，出于投资和规避风险的需要，人们在对产业资本进行虚拟的基础上，对股票、债券等各种原生金融产品进行了二次虚拟，各种金融衍生产品诞生了。信息技术的发展、经济证券化以及经济全球化程度的加深，极大地刺激了金融衍生产品的交易。

大数据所提供的强大的信息支持，有利于顺畅供需渠道，便利了供需双方的谈判、签约与支付等一系列行为，极大地降低了交易的成本，提高了交易的效率。同时，大数据有利于供给方挖掘社会需求潜力，发现新的需求愿望，从而引领供需双方创新交易内容、丰富交易模式、扩展交易规模，进一步鼓励线下交易向线上交易的转移，带动相关产业持续、稳定地发展，从而保证网络经济发展的供需动力。产业资本和金融资本以股权关系为纽带，通过参股、控股和人事参与等方式进行结合，世界范围的产融结合逐渐发展起来。由于日益远离各种物质基础，金融产品的交易呈现出相对独立化的现象和趋势。正是衍生金融产品的出现和大规模的交易才使虚拟经济真正摆脱了实体经济的直接束缚，呈现出相对独立性，才得以成为一个相对独立的经济形态。鉴于当今虚拟金融资本的庞大规模和运动的独立化现象和趋势，我们把这种由虚拟资本的运动而构成的经济活动系统称为虚拟经济。虚拟经济的发展经历了闲置货币资本化、生息资本社会化、有价证券市场化、金融活动国际化等几个阶段，这几个阶段实际上是资本内部矛盾不断外化，从而获得发展的新形式的过程。[①] 虚拟经济成为一个完整的经济形态后，社会经济才出现了实体经济与虚拟经济互动的二元系统。虚拟经济的快速发展及其与实体经济的互动，是当今世界经济活动的一种重要的制度环境。

虚拟经济的过度发展会对实体经济产生负面影响。虚拟经济的投

---

① 参见管仁勤：《虚拟经济：含义、特征和发展机理》，载《社会科学》，2003年第3期。

机性增加了实体经济的不确定性。同时，虚拟经济的过度发展会与实体经济争夺发展资本。虚拟经济活动的高额收益吸引实体经济中的货币与人才流向虚拟经济，并且由此产生了账面利润，引导更多的货币投入虚拟经济，导致民间消费与投资减少，出口锐减，由此导致虚拟经济要求分割的剩余价值越来越多，金融风险越来越大，形成泡沫经济。

实体经济以实物或服务的流动作为其运行的形式，而这些形式都是以资金作为出发点和归宿，"同样作为财富的社会形式的信用，排挤货币，并篡夺它的位置。正是由于对生产社会性质的信任，才使得产品的货币形式表现为某种转瞬即逝的和观念的东西，表现为单纯想象的东西。但是，一旦当信用发生动摇——而这个阶段总是必然地在现代产业周期中出现——一切现实的财富就都会要求现实地、突然地转化为货币，转化为金和银。"[1]在虚拟经济中，资金是以经济预期和膨胀的信用化形态出现的，如果资金的信用化膨胀进入实体经济中的生产循环，则形成虚拟经济与实体经济之间的紧密互动。由于这种虚拟的信用资金弱化了实体经济所需要资金的作用，因此虚拟经济与实体经济之间的互动增加了实体经济运行的不确定性和风险性。虚拟经济的膨胀及波动促成了金融泡沫的产生，而当这种泡沫破裂，金融市场上的虚拟产品价格就会急剧下降，货币贬值，金融机构因资金周转困难无法偿还债务而破产或倒闭，导致金融危机爆发。

（三）虚拟经济和数字化背后的信息生产与利益分割

无论是现今的虚拟经济还是数字化生活，其存在的重要现实条件都在于现代信息化、数字化和网络化技术与信息资源。有学者将信息

---

① 马克思:《资本论》第3卷，人民出版社2004年版，第650页。

区分为知识意义、产品意义和生活意义上的存在形式 ①，而不管是知识意义上的信息，还是作为信息态的产品，抑或是生活对象化的凝结，信息的生产、使用、占有关系都显得十分重要。

技术的发展运用，可以让信息传递更高速、覆盖更广、容量更大，但不能直接转化为信息本身，信息的多寡来源于人的智力创作行为。信息的生产逐渐出现专业化的趋势，越来越多的人开始从事信息生产，信息工人作为总体工人的一部分日渐形成。劳动者利用网络化、智能化的劳动工具在虚拟空间中对数字化或符号化中介进行对象性建构，突破了物质世界的界限，使人类活动的信息经由电脑系统进入数字化转化、编辑、合成，使劳动者处于一个新的关系实在之中。网络化、智能化的劳动工具不仅有助于劳动者认知模式的演进和对新知识、新技能的掌握，而且有助于劳动者对劳动对象信息的获取、传递、处理和运用能力的增强；劳动对象范围扩大，使数据、信息、知识等都成了新的劳动对象。

信息作为一种被系统化、专业化生产的商品普遍地出现在各个领域，与资本主义生产在全球的扩展，剩余价值积累到一定程度和新一轮的全球性资本输出关系密切。信息生产的本质是垄断资本主义在全球扩张的产物。一方面信息技术为资本主义在全球范围内的扩张提供了便利，另一方面也促使信息生产、信息工人的产生。经济全球化的发展必然需要生产、流通、再生产各个环节的全方位信息，信息成为跨国资本不可或缺的资源。谁掌握了更为全面的信息，谁就有可能做出更有利于自身资本发展和增值的决策。例如人工智能，问题的关键不是人工智能本身，而是谁在利用人工智能。而在资本主义全球化的过程中，资本的逐利本性就决定了它要掌握和控制这一先进的技术，

---

① 吴秀生：《广义虚拟经济生产方式初探》，载《广义虚拟经济研究》，2010年第1卷第2期。

并以此获利，最大化地牵制、开发和利用劳动力，实现其不断地、更大地增值。技术发展背后主导的社会关系是怎样的，以及技术是否能够颠覆这种主导性的社会关系，则需要我们深入探究。纯粹的技术进步是好事，但是到底如何配合它、利用它，则是需要人们认真研究和思考的。

马克思关于生产方式的核心概念对生产力和生产关系进行了重要区分。包括技术在内的生产力的创新可能改变生产的组织形式，但并不能改变资本和劳动之间本质上权力关系的不平等或是剥削的过程。许多关于数字信息技术的研究忘记了这个简朴的事实，它们并没有意识到信息技术、数字媒体的兴起，实际上强化了而不是分散了资本的力量。数字网络使得生产企业能够实时协调日益在地理上更加分散且不断在范围上更广泛的劳动分工。但另一方面，数字网络也为劳工提供了新的组织工具，用以培育进行抗争和抵制的组织，因此，数字网络又进一步加剧了劳资矛盾。

现代社会的所有制，很大程度上已不表现为物质资料的占有，而表现为信息技术及信息的占有，对信息、技术等精神生产资料的占有方式决定着精神生产产品的分配、交换与消费方式。所有制本质上讲是一种控制产权，信息所有制本质上讲是控制信息权。现代社会，强势的价值观、制度、文化，发达的资讯，过硬的经济、技术、军事实力，都是获得控制信息权的重要筹码，而一旦获得控制信息权，其他问题似乎迎刃而解。在数字网络环境下，生产关系比起单纯的物质资料生产中人们结成的关系要复杂得多。围绕信息的占有关系形成相互间关系是其核心。信息资源的使用者和占有者既有一种建立在利益分化基础上的博弈关系，又有一种共同利益基础上的合作关系，而实际存在的信息不对称和追求信息对称的目标则永远是一对矛盾。

资本主义制度下进行信息生产是为了获取垄断利润，而不是为了实现信息的社会文化价值，如果信息垄断有利于获取更大的利润，"信息资本家"们就一定会采取信息垄断，由此导致可以通过对信息的垄断来获取空前的经济利益；华尔街的金融寡头、新闻界的传媒大亨、娱乐业的超级巨星等无一不是如此。也可以说，这是通过信息垄断牟取高额垄断利润的资本主义进入信息时代从而成为"信息资本主义"之后的一个典型特征。

私有制社会中存在着这样的问题：不是信息生产得太多了或真正的过剩，而是因为信息的私人占有与"合法的信息垄断"使得信息被使用得太少了，那些真正需要信息的国家和个人，因为无法支付信息垄断的使用费用而被限制使用。与此同时，出现了所谓的"数字鸿沟"（Digital Gap），即存在于那些拥有信息时代工具和信息资源的人以及那些未曾拥有者之间的鸿沟。一方面，信息技术的高速发展，带来产业转型及生产的提质增效，大量富余劳动力产生闲置；另一方面，这些大量闲置的劳动力则因缺乏适应信息时代发展所需的知识与技能而被局限于传统产业和生产部门，无法继续发展，成为信息时代被排斥的群体。如果这一现象得不到很好的解决，最终必然导致两者之间的矛盾加剧和激化，由此而导致的社会制度意义上而不是技术意义上的"信息革命"就有可能发生。

这一现象的存在与资本主义制度密切相关，资本主义生产资料私有制的本质特征与信息的开放性和共享性的本质特征之间存在相互排斥的矛盾，从生产力与生产关系的角度，就是资本主义生产资料私人占有制这一生产关系对信息生产力所形成的一种桎梏。当信息生产力要求扩展自己的价值时，私有制形式的资本主义生产关系则通过"合法的垄断"阻止了这一进程的进行，于是信息不能转化为劳动者的新能力，从而不能通过这种转化形成生产力的进一步提高。此外，信息共享是信息时代科技进步与信息创新的必要条件，信息共享有助于突破个体的有限性，让每个个体的创新思想汇聚成可以提高人类整体智力水平和整体素质的信息创造力。但信息垄断限制了信息价值的最大限度发挥，不利于知识和信息的交流，不利于新信息新知识的广泛传播，不利于科技新成就的广泛应用，不利于信息在流动中激发更多的信息生成和知识创新，从而也形成了对信息生产力的发展和信息财富增值的束缚。这其实体现的是信息生产力与资本主义生产关系的矛盾，这种矛盾的激化所导致的"信息危机"其实也就是资本主义经济危机的时代性表现。

而在经济全球化的影响下，这种信息垄断和"数字鸿沟"并非局限在一国之内，它们甚而超越了国别的界线成为全球性的现象。我国仍处在社会主义初级阶段，新时代我国社会主要矛盾是人民日益增长的美好生活需要和不平衡不充分的发展之间的矛盾。一方面，我们在信息通信领域获得了飞速发展，成为全球经济增长最快、最具活力的国家之一。另一方面，我们在信息通信技术、网络的发展和覆盖水平上，也体现在社会各方面和公众对信息通信技术的认识水平和使用能力上，还表现在信息通信技术的应用水平上。而这些都反映了信息生产力的综合水平。

只有当信息生产力发展到一定程度，社会主义制度获得更充分地展开、从而真正进入信息社会主义之后，信息共享才将得到实质性的实现，那时信息财富的极大丰富与普遍共享相伴，人们也将获得更加充分自由而全面发展的机会和条件。

二、消费幻象及其媒介生产结构

自 20 世纪中叶以来，随着资本主义社会生产力的飞速发展，当今发达资本主义社会的物质财富迅速增长，消费的性质和形式都发生了重大变化。西方发达国家先后步入消费社会，并挟资本之威使消费主义席卷全球。受经济全球化的影响，自改革开放以来，中国社会也已从20世纪80年代初期的短缺经济时代逐步进入到了物品丰富的社会主义市场经济时代。与之相伴随的是大都市对消费时尚的追求，以及涌现出来的诸多消费社会景观。数字化是信息处理的一场革命性变革，它是人类社会21世纪文明的显著特征。数字化、信息化时代更强化了人们消费行为的抽象性和虚拟性。尤其是2008年爆发的全球性金融危机之后，消费社会的诸多问题尖锐地暴露了出来，对"消费"的反思不可避免地成为时代的核心话题。

（一）消费社会的幻象

自20世纪中叶以来，随着当代资本主义经济模式对消费需求的关注和生产控制方式的转变，加上电视、网络特别是移动互联网等媒介技术的飞速发展，广告、传媒充斥着人们的生活，符号化的消费对人们当下社会生活的影响作用愈来愈凸显。许多学者针对这一社会发展特征直呼其为"消费社会"。鲍德里亚在其《消费社会》中对消费社会作了较完整和系统的论述。鲍德里亚以物的功能系统的批判为逻辑起点，在"消费社会"的视角下全面批判了作为体系的物、消费的符号逻辑、虚假主体及其欲望制造，并在此基础上提出了区别于马克思"商品拜物教"的"符号拜物教"。简单地说，消费社会就是从原来以生产为中心的社会转变成以消费为中心的社会，人们对消费品的占有不再以消费品的使用价值为目的，而是以炫耀消费品的附加值作为消费行为的主要目的。在时尚符号面前，纷繁芜杂的外在表象已经让人们眼花缭乱却又沉迷其中，人们愈来愈陷入消费社会虚假的消费需求、虚假的消费自由、虚假的消费幸福和虚假的消费符号等种种幻象中①。

　　一来借助于广告、传媒等多种宣传形式,很多对消费者来说可有可无的商品被包装、被宣传、被推介,铺天盖地的广告充斥着人们的大脑,大众的需求被不断地刺激着,虚假的需求被强烈地激发出来,并且一发不可收拾。明明实际上不需要的东西,人们却极度想拥有。二来看似是自主自愿的消费选择,实际上消费者只是在商家所营造的特定的情境中,在特定的商品系列中进行选择,其消费只是一种被动的过程,并非真正自由的选择,其实只是将个性化的主体意向投射在商品上,体现了消费者深层次的被控制。"决定人类自由程度的决定性因素,不是可供个人选择的范围,而是个人能够选择的是什么和实际选择的是什么。"②三是营造一种虚假的幸福感,似乎物质需要的满足成为生活的全部,消费成为幸福快乐的源泉,殊不知由物质消费带来的幸福感只是浅层次的、片面的,更深层的精神需要则是其无法触及并从根本上满足的。四是制造消费符号的幻象。消费社会形成一系列符号体系和象征性体系,"无论是在符号逻辑里还是在象征逻辑里,物品都彻底地与某种明确的需求或功能失去了联系。确切地说这是因为它们对应的是另一种完全不同的东西——可以是社会逻辑,也可以是欲望逻辑——那些逻辑把它们当成了既无意识且变幻莫定的含义范畴"③。消费品成为一种象征性的符号来重新定义人,人们似乎可以借助消费来实现社会身份的认同。

　　消费社会以消费的大众化为特征,具有隐蔽的强制性结构。而电子媒介的发展,则带给人们更大的便利,通过网络购物平台和移动客

----

① 参见赵小元:《逃离消费的幻象》,载《理论界》,2014年第3期。

② [美]马尔库塞:《单向度的人》,刘继译,上海译文出版社2008年版,第8页。

③ [法]鲍德里亚:《消费社会》,刘成富、全志刚译,南京大学出版社2000年版,第67页。

户端，人们可以通过在电脑前点击鼠标或者是用手机刷刷屏，就时时刻刻进行消费。于是，在消费主义的日益渗透下，很多人被商品、消费、资本所裹挟，沉浸在消费的种种幻象中。消费主义是现代工业文明的产物，意在将消费作为人们的生活方式，养成购买和使用商品的消费习惯，在消费中寻求精神满足和自我满足，认为人生如果离开消费将是多么黯然失色。很多人误把消费等同于个人的幸福、个人的自由，把无限占有物质财富、追求过度消费作为人生理想的价值观和生活方式。由此带来的不仅是人的自我的缺失，而且是人与自然关系的极度恶化。

在消费社会，人们通过消费来寻求对自身的认同，人被符号化，但同时，人们也在共同强化着这种消费幻象的意指内容。一些时尚消费符号随着社会大众对它们的熟悉和传播，以及人们的频繁使用，又为其加入新的解释和多样的表现方式，于是，人们运用自己的经验和意图共同丰富着符号的内容并强化着一种符号拜物教。

消费社会的符号拜物教表面上看似乎与商品和资本拜物教有很大的不同，但其实质上仍然是商品社会生产关系的体现。拜物教思想根源于商品生产关系，劳动产品一旦取得了商品的形式，就意味着生产商品所耗费的劳动取得了一种特殊的社会形式，而当劳动被社会规定为抽象的或等同的性质，就以价值物的形式表现出来，使得这个商品产生谜一般的神秘性。货币是从商品世界分离出来的充当一般等价物的特殊商品，在流通领域执行价值尺度、流通手段、支付手段等职能。可是人们误以为货币就是纯粹的价值，甚至将金属货币直接当成了价值的化身。货币转化为资本以后，在现实经济生活中，资本采取了货币、生产资料和商品等物质形式。这就给人们一种假象，好像剩余价值不是来源于工人的剩余劳动，而是资本本身有价值增值的魔力。马克思将商品以物的形式掩盖了人们之间一定的生产关系叫作商品拜物教，货币拜物教和资本拜物教则是商品拜物教的进一步延伸的发展形态。商品、货币、资本的三重拜物教实质上是人与人之间的经济社会关系颠倒地反映成物与物之间的关系，人被自己所创造的物支配了。关于"以资本为基础的生产方式"的拜物教性质，马克思明确指出："在资本主义生产方式下，物的经济形式规定或社会规定，都表现为它本身内部所固有的属性。"[①]"资本不是物，正像货币不是物一样。在资本中也像在货币中一样，人们的一定社会生产关系表现为物对人的关系，或者一定社会关系表现为物的天然的社会属性。"[②]

消费社会中的物，相对于传统生产社会中以实用性为存在基础的物，已经发生了根本的功能转变。物的符号化改变了物的实体性存在方式，物的存在在于它的超感性的社会意指意涵。在经济全球化的时代背景下拜物教现象呈现出表现形态的微妙变化。鲍德里亚认为，当代资本主义社会结构已经从传统的生产主导型发展到消费主导型，消费成为社会生活的主要内容。当代颇有影响的消费主义逻辑认为，人们所消费的不是满足现实欲求的实物，而是具有象征意义的符号，这种符号所代表的时尚、个性、流行是消费社会的主流话语。消费者看重的并不是商品的使用价值，即它们的实际用途，而是商品自身携带的"符号"，关注此种"符号"所表征的社会地位和身份价值。在符号化的时代，人们将对商品使用价值的需求扭曲为对其背后所表征的"符号"的顶礼膜拜，追逐"符号"寄予人的社会意义和文化意义，商品拜物教在当今的消费社会已演绎为符号拜物教。

随着计算机的出现和快速发展，信息技术给人类社会带来了巨大的

---

① 《马克思恩格斯全集》第49卷，人民出版社1982年版，第404页。

② 《马克思恩格斯全集》第49卷，人民出版社1982年版，第64页。

变化。计算机区别于以往任何发明创造，它不是物质加工或能量转换的工具，而是符号的加工工具。数字化是信息处理的一场革命性变革，它也不再以实际的产品或能量来体现它的存在，而是以抽象的"符号"形式承载了大量信息，普遍地存在于现实世界之中。数字化符号在为人类构造美好家园的同时，如同一股巨大的神秘力量，控制着人类，人类反而成了计算机的奴仆。于是人们形成一种数字化迷信——一种现代的新型拜物教。

随着人类文明的演进，自然空间逐渐走向人化空间，且成为人与空间关系的主要趋向，人类日益由自身的主观能动性来改造、再造自然空间以满足自身需要。反观当前社会，空间不断稀缺，空间又不断走向人化，人们的空间意识不断觉醒，对空间的竞争也日趋激烈。由于工业化、现代化而引起的人口向城市集中的过程被称为城市化（或城镇化），它作为经济发展的各种要素空间集聚与重新分布的过程，成为现代化的一项重要任务，并已经成为一种不可逆的历史潮流。在城市社会成为人类社会发展的新形势下，空间拜物教成为人们的主要意识形态。"房奴"的时代表明人们对"居所"的追求远远超过了对"居住"的需求，本质上作为过程的"居住"相对于作为场所的"居所"的优先性被人们遗忘，"空间饥渴症"萦绕着人们的生活。结果，人们创造了由道路、住房、广场等空间构成的城市日益脱离人们的控制，成为压制人们创造能力的新的异化物。

从商品、货币、资本拜物教到数字、符号、空间拜物教，消费幻象的背后体现了深层的生产逻辑。

（二）消费社会的生产批判

消费更多指的是经济学意义上的概念，与生产概念如影随形，包括生产性消费和非生产性消费，我们通常的理解是非生产性消费。作为社会产品生产过程中的最后一个环节，消费与生产、分配、交换构成一个相互联系的统一整体。

现代社会经济的典型特征就是经济全球化遍及世界每个角落，经济全球化带来的不仅仅是商品生产和资源配置的全球参与，同时也是消费资源和消费文化的全球共享。定制化生产兴起的背后，是消费者角色的崛起：由之前的被动接受，到广泛、实时地参与到生产和价值创造的全过程之中。在消费社会，消费异化成为"经济增长手段"。消费和生产的关系更加密不可分。生产和消费同一性所揭示的消费社会的可能性在现代社会已经成为现实。诚然，在当代资本主义社会里，消费的形式、内容及其社会作用都与马克思那个时代有了显著的不同，受时代所限，马克思没有也不可能对这种新变化做出专门的、深入细致的考察。然而马克思有关消费的论述散见于他的著作中，特别是在《资本论》及《政治经济学批判》中，马克思更是对生产与消费间相互依存、相互转化、互为媒介的辩证关系做过精彩的论述。

在马克思看来，生产、交换、分配和消费是统一的，它们共同构成了人类社会生产的总体。马克思在《1857—1858年经济学手稿》中指出："无论我们把生产和消费看作一个主体的活动或者许多个人的活动，它们总是表现为一个过程的两个要素，在这个过程中，生产是实际的起点，因而也是起支配作用的要素。消费，作为必需，作为需要，本身就是生产活动的一个内在要素。但是生产活动是实现的起点，因而也是实现的起支配作用的要素，是整个过程借以重新进行的行为。"[①]生产就它的一切要素来说也是消费行为，即个人的活动能力、生命力的消费和生产资料的消费、消耗。但消费直接也是生产：一方面，产品

---

① 《马克思恩格斯全集》第46卷（上），人民出版社1979年版，第31页。

只有在消费中通过满足人的需要、确证人的本质才能最终得到实现；另一方面，消费也创造出新的生产需要，在观念上提出生产的对象，把它作为内心的图像，作为需要、动力和目的提出来。与此相应，从生产的方面来说，生产不但为消费提供材料和消费的对象，而且赋予消费以规定性，使消费最终得以完成。因而生产和消费始终是统一的。

所谓消费社会，可以简单地说，是一个以生活必需品以外的消费为主的社会。因此，单就社会表征而言，消费社会的最大特点就是消费水平和消费规模的不断扩大，即越来越多的人消费越来越多的商品。"消费的真相在于它并非一种享受功能，而是一种生产功能——而且，它和物质生产一样并非一种个体功能，而是即时且全面的集体功能。"[1]消费社会的出现，有着深层的社会生产背景。

第二次世界大战以后，在西方国家"福特主义"生产方式占据了主导地位，所谓"福特主义"是指以福特公司为代表的建立在流水线分工基础上的劳动组织方式和大批量生产模式，它极大地提高了劳动生产率，也部分地提高了工人的工资水平，从而使整个社会的消费水平有了很大的提高，需求调节成为保持国民经济增长的主要政策手段。这种生产方式的特征是大规模的工厂与投资、死板的机械化生产线、僵化重复的劳动过程，以及所谓"科学化管理"。福特主义生产模式及其内部从事大规模生产的工人之间的内在矛盾为理解资本主义重大的历史性转化提供了一个有益的分析框架，它也有助于理解20世纪中期形成的资本主义社会秩序的合法性。虽然福特主义被当成是发达的西方经济的特征，特别是战后时期的西方经济特征，但是它的某些基本原则，如标准化与集中化，同时也与苏联或世界范围的其他工业文化相联系。

然而，20世纪60年代末期，福特主义生产模式却面临着空前的危

---

① ［美］马克·波斯特：《第二媒介时代》，范静哗译，南京大学出版社2001年版，第157页。

机，70年代后半期以信息技术、微电子技术为先导的第三次科学技术革命，使发达资本主义国家的企业之间关系、国家与企业之间关系、劳资关系发生剧烈的变动，产生了许多新变化、新现象、新特点、新问题以及新的发展趋势，即许多学者所说的"后福特主义"。"后福特主义"意指一个历史性的转变，在其中，新的经济市场与经济文化原则上已经被建立在新型消费者基础上的信息技术手段所开启。与福特主义相反，后福特主义时代通常与更小型、更灵活的生产单位相关，这种生产单位能够分别满足更大范围以及各种类型的特定消费者的需求。这个概念所标识的中心过程包含：大工业或重工业的衰落，新兴的、小型的、更加灵活的、非中心化的劳动组织网络以及生产与消费的全球性关系的出现。它的核心特征之一被认为是关于生活方式以及不同消费实践的多元政治的兴起。[①] 后福特主义用范围经济取代了福特主义的规模经济，用柔性管理代替"泰勒制"的理性管理，[②] 把一切商品符号化，把一切符号商品化，以此扩大消费的范围，加快消费的步伐，为当代消费社会的形成与运作提供了强大的动力。然而无论是福特主义生产方式还是后福特主义生产方式，仍旧是资本主义生产方式，遵循着资本生产的逻辑。

　　资本的普遍趋势就是把一切纳入自己的体系，并摧毁一切阻碍其发展的限制。资本的这种趋势类似于涡轮效应，在这种效应作用下，资本在一切地方使生产方式服从自己，服从资本的统治。它"摧毁一切阻碍发展生产力、扩大需要、使生产多样化、利用和交换自然力量和精神力量的限制"[③]。马克思在《1857—1858年经济学手稿》中，在论述

---

① 参见陶东风：《福特主义与后福特主义》，载《国外社会科学》，1998年第1期。

② 参见陈秀山：《从"福特主义"到"后福特主义"——区域经济发展面临的新挑战》，载《经济理论与经济管理》，2003年第9期。

③ 《马克思恩格斯全集》第46卷（上），人民出版社1979年版，第393页。

资本主义社会生产相对剩余价值条件下的消费特点时曾指出，这种生产"要求在流通内部扩大消费范围，就象以前（在生产绝对剩余价值时）扩大生产范围一样。第一，要求扩大现有的消费量；第二，要求把现有的消费推广到更大的范围，以便造成新的需要；第三，要求生产出新的需要，发现和创造出新的使用价值……获得的剩余劳动不单纯是量上的剩余，同时劳动（从而剩余劳动）的质的差别的范围不断扩大，越来越多样化，本身越来越分化。"① 由此可见，消费社会消费范围的扩大，消费作用的突出，实质上是资本生产效率提高的一种表现，也是促进资本生产效率进一步提高的必然要求。随着物质产品的日渐丰富而人们的"有限"需要达到饱和之后，如何激发人们的消费"欲求"则成为资本运转的关键。为了实现资本的无限运动和增值，"同样要发现、创造和满足由社会本身产生的新的需要。培养社会人的一切属性，并且把他作为具有尽可能丰富的属性和联系的人，因而具有尽可能广泛需要的人生产出来——把他作为尽可能完整的和全面的社会产品生产出来（因为要多方面享受，他就必须有享受的能力，因此他必须是具有高度文明的人）——这同样是以资本为基础的生产的一个条件"②。现代资本主义经济体系依靠"信息化"的方式实现了对消费需求的无限开拓，并通过对消费需求的无限激发保证了自身持续的繁荣与发展。因此，消费社会在实质上发挥着资本生产媒介的作用，这其实不过是资本逻辑运演的必然，从消费作为总体生产的一个重要环节来看，这其实是扩大资本流通范围、加快资本流转速度的现实需要。

---

① 《马克思恩格斯全集》第46卷（上），人民出版社1979年版，第391页。
② 《马克思恩格斯全集》第46卷（上），人民出版社1979年版，第392页。

（三）消费异化的实质和媒介生产结构分析

消费活动的直接意义本来是满足自然生命体提出的要求，这些要求恰好都是服从于生命活动本身的。在这个意义上，消费活动也就是生命活动本身，而背离了生命持存需要的消费活动就成了所谓的"异化消费"。如所谓的符号消费，消费活动已经不再仅仅是满足人的自然生命需要，而是通过消费活动来表明人的其他的需要，比如身份、地位等。当消费作为一种"符号"的时候，消费就发生了异化。在消费社会的语境之中，拜物教"实际上与符号—物关联了起来，物被掏空了，失去了它的实体存在和历史，被还原为一种差异的标记，以及整个差异体系的缩影"[①]。在消费社会，基本需求已经不是消费的目的，迎合无限的虚假欲望成为消费的新目标，以至于消费本身成为欲望的奴隶，它被异化为手段。消费的异化表现为人的自然性消费与社会性消费的分化、消费与生产关系的颠倒、还表现为对"虚假需求"的热衷以及消费对人本身的控制和操纵。[②]

"异化消费"概念是由20世纪70年代的西方马克思主义的分支——生态学马克思主义学派明确提出的。该学派认为"消费异化"是当代资本主义社会的主要异化现象，传统马克思主义的注意力只放在生产领域，把劳动异化当作是最根本的异化，认为一旦消灭了生产领域的异化就能真正满足人的需求。现实的情况是，当代资本主义在市场机制的作用下，把追求消费当作真正的满足，从而导致"异化消费"。此外，这种过度生产和过度消费，不仅加剧了人的异化现象，而且还污染了环境，破坏了自然的生态系统，造成了生态危机。

---

① ［法］鲍德里亚:《符号政治经济学批判》，夏莹译，南京大学出版社2009年版，第80页。

② 参见张聪卿:《现代社会：生产之质还是消费之实？》，载《武汉科技大学学报》（社会科学版），2013年第1期。

　　从上面的分析可以看出，消费社会并非异质于生产社会的新形态，消费异化并未摆脱生产的逻辑，在资本主义生产条件下，这一逻辑正是以资本意志为逻辑起点。由消费带来的社会操纵正是资本力量极权主义专制的象征，消费社会仍在资本所有权的框架内运行，始终摆脱不了利润的引诱和最终的驱动。资本谋求无限制地扩张与不断地增值，必然要求生产的持续进行，而资本的流转要形成一个不断增值的循环，消费作为总体生产的一个环节，必然是不可或缺的重要一环。资本无休止的疯狂扩张，就要求生产持续不间断，也就要求消费永无止境。于是，消费成为生产的媒介，消费不再是以自然生命体的本来需求为旨归，而是遵从服务资本增殖的生产需要，现代资本主义社会的消费主义意识形态是资本利润最大化原则和其无限扩张的本性的结果。所以使得资本循环畅通无阻的关键不在于如何扩大生产，而在于如何有效地使产品被消费。而现实的有效需求是有条件、有限度的，而资本的扩张本性是无限制的，因而许多消费需求被生生创造出来。虚假的需求被资本的扩张欲望所催生，造成当今社会种种不合理的消费乱象。"消费创造的生产需要"可能是一种完全虚假的生活，对物的迷恋成为对人的主宰，精神上的迷失表现为意义的丧失和价值的虚无。消费异化其实也是劳动异化的一种变形，是在消费领域的劳动异化的化身。这时的生产也早已离开了为满足主体真实有效需求而进行劳动的原初目的，与消费一起变成资本增殖的有力工具。要扬弃消费异化，其根本在于社会生产力的发展和对资本主义私有制生产关系的扬弃。

　　依据马克思主义关于生产和消费的辩证关系原理，生产决定消费，消费反作用于生产。生产对消费的决定性作用体现在三个层面：创造消费对象、决定消费方式、创造新的消费需要。资本主义社会标准化的工业生产、流水线作业以及自动化控制，使生产者越来越机械和被动，人的完善性被肢解，日益成为"单向度的人"。由于人精神的极度疲劳以及人成为机器的附属物，人的创造性才能、否定性思维已被淹没。同时，资本主义工业生产体系通过技术手段将有形商品图像化、符号化、数字化，凭借影视、报刊、广告、传媒的力量操纵和控制人们虚假的消费欲望。最终，虚幻的符号和表象成为掌控社会的力量，"有形的、局部的、外部的、直接物质统治，被隐形的、内在的、无孔不入的抽象统治所取代，外在的压迫被自我压抑所取代"①。

真正推动消费成为人与人之间社会关系的积极劳作的诸种幻觉的力量不仅是种影响人的理性思维能力意识形态力量，更是一种现实的力量，即资本的力量。所谓物的符号逻辑乃是支撑现代人进行消费的推动力量，而在它背后真正的推动力量乃是资本。马克思阐释说："劳动产品的价值形式是资产阶级生产方式的最抽象的、但也是最一般的形式，这就使资产阶级生产方式成为一种特殊的社会生产类型，因而同时具有历史的特征。"② 资本作为生产逻辑在特定历史阶段的体现，其普遍趋势就是把一切纳入自己的体系，并摧毁一切阻碍其发展的限制。资本的这种趋势类似于涡轮效应，在这种效应作用下，资本在一切地方使生产方式服从自己，服从资本的统治。它"摧毁一切阻碍发展生产力、扩大需要、使生产多样化、利用和交换自然力量和精神力量的限制"③。马克思在《1857—1858年经济学手稿》中，在论述资本主义社会生产相对剩余价值条件下的消费特点时曾指出，这种生产"要求在流通内部扩大消费范围，就象以前（在生产绝对剩余价值时）扩大生产范围一样。第一，要求在量上扩大现有的消费；第二，要求把现有

---

① 刘怀玉：《列斐伏尔：日常生活的恐怖主义批判》，载《求实学刊》，2007年第5期。
② 《马克思恩格斯全集》第23卷，人民出版社1972年版，第98页，注（32）。
③ 《马克思恩格斯全集》第30卷，人民出版社1995年版，第390页。

的消费推广到更大范围来造成新的需要；第三，要求生产出新的需要，发现和创造出新的使用价值……获得的剩余劳动不单纯是量上的剩余，同时劳动（从而剩余劳动）的质的差别的范围也不断扩大，越来越多样化，本身越来越分化。"[①]由此可见，消费社会消费范围的扩大，消费作用的突出，实质上是资本生产效率提高的一种表现，也是促进资本生产效率进一步提高的必然要求。现代资本主义经济体系依靠"信息化"的方式实现了对消费需求的无限开拓，并通过对消费需求的无限激发保证了自身持续的繁荣与发展。因此，消费社会并非真的是消费代替生产成为具决定性作用的因素，而是因为消费成为制约生产连续性运转的主导性因素，从消费作为总体生产过程的一个重要环节来看，这其实是扩大资本流通范围，加快资本流转速度的现实需要。消费社会在实质上发挥着资本生产媒介的作用，这其实不过是资本逻辑运演的必然。

---

① 《马克思恩格斯全集》第30卷，人民出版社1995年版，第388–389页。

第六章　发展困境中的生产目的再审视

发展是时代的主题，发展理念是发展行动的先导。人们所尊奉的发展理念通常与他们在现实社会生产中所坚持的生产观是一致的。有什么样的生产观，就会有什么样的发展理念。从国际上来看，20世纪40年代，在经历了两次世界大战的深重灾难及痛苦之后，人们迫切期盼迅速恢复生产和建设，改善生活，因此，加快经济增长成为各国的普遍共识，于是，片面追求经济增长的传统发展观盛行起来。传统的经济增长方式在带来生产力巨大发展、物质财富迅速膨胀的同时，也导致一些国家经济结构失衡，社会发展滞后，自然资源和能源开始变得紧张，生态环境严重恶化，甚至带来社会贫富分化、失业加剧、腐败严重、债务加重、政治动荡等社会问题。经济增长并没有像人们预期的那样带来更多的实惠，发展呈现不可持续的趋势。这种有增长而无发展的客观现实促使人们开始反思发展的真谛。面对现代社会中人类的生存困境，人们开始反思传统的经济增长方式，从一味追求极限式发展到开始追求综合发展和可持续发展，伴随人们在发展问题认识上的逐步深入，以人为中心，全面、协调、可持续的发展观念越来越被世界各国推崇，并在实践中得到重视。

聚焦国内,自改革开放以来,我们取得了卓越的发展成就,积累了丰富的发展经验,与此同时也出现了发展不平衡、不协调、不可持续等问题。特别是面对全面建成小康社会的发展目标,创新能力不够强、发展方式过于粗放、城乡区域发展不够平衡、资源环境条件日趋紧张、收入差距变大、消除贫困的任务艰巨等发展问题变得非常突出。随着我国经济发展进入新常态,同时面临重要战略机遇期,发展的内涵开始发生深刻变化,在新的形势下,我们迫切需要树立新的发展理念,用创新、协调、绿色、开放、共享的新理念来指导和引领整个社会实现更为科学有效的发展。党的十九大报告指出,进入新时代,我国社会主要矛盾已经转化为人民日益增长的美好生活需要和不平衡不充分发展之间的矛盾。我们要在继续推动发展的基础上,着力解决好发展不平衡不充分问题,大力提升发展质量和效益,更好满足人民在经济、政治、文化、社会、生态等方面日益增长的需要,更好推动人的全面发展、社会全面进步。如前文所述,马克思生产理论的精神实质就在于生产的历史阐释、社会批判和价值诉求的有机统一,从这种总体的生产视角来重新审视现实生产实践和价值旨向,有助于我们在实践中形成正确的生产观,进而树立科学的发展理念,更好地满足人民对美好生活的向往。

一、生态危机与生产

(一)实质:人与自然关系恶化

人作为自然界的一部分,其生命活动和生活需要的全部物质最初都是由自然界来满足和提供的。人类的生存发展依赖于自然,同时也影响着自然的结构、功能与演化过程。在社会实践活动中认识自然和改造自然的过程就是劳动社会历史研究首先需要确认的一个事实，就是有生命的个人以及由此产生的个人对其他自然的关系。从人类实践特点来说，实践是人的存在方式，人们通过实践活动改造外部自然界，使外部世界按照人的尺度发生变化从而满足人的需要。生产劳动是最具有人的特性的实践活动，是作为主体的人运用生产工具有目的地改造作为客体的自然的活动，因此马克思把生产劳动作为实现人与自然之间物质变换的"中介"。也正是在生产劳动这一对象性活动中，人才确证着自身的存在。正如马克思在《1844年经济学哲学手稿》中所讲的，"正是在改造对象世界中，人才真正地证明自己是类存在物。这种生产是人的能动的类生活。通过这种生产，自然界才表现为他的作品和他的现实。因此，劳动的对象是人的类生活的对象化：人不仅像在意识中那样在精神上使自己二重化，而且能动地、现实地使自己二重化，从而在他所创造的世界中直观自身"①。

人类的自身发展依赖于向自然的不断索取，在追求人类社会历史进步的过程中，必然造成人类社会与自然环境之间的冲突。以劳动为"中介"的人与自然之间的物质变换过程，改变了人与自然之间的相互关系。人类的生产能力可以说是对自然的开发利用和破坏能力。生产实践的结果并不总是有利于人的生活的。生产实践如果使自然环境发生了不利于人们生活需要的变化，就会造成生态问题。因此，生态问题的产生有其客观的实践基础。当人类盲目和过度的生产活动引起自然环境和生态平衡遭到破坏，进而使人类的生存与发展受到严重威胁时就出现所谓的生态危机。生态危机是生态失调的恶性发展结果，它一旦形成，则在较长时期内难以恢复。

生态问题的产生是生产力发展到一定程度的结果。不同历史阶段

---

① 《马克思恩格斯全集》第3卷，人民出版社2002年版，第274页。

的环境问题表现出全然不同的特征。生产力是人改造外部自然界获取物质生活资料的能力。在生产力水平非常低下的状况下，人的活动使自然界发生的变化是相对微弱的，即使存在着不利于人生活需要的变化，这些消极后果往往也会被自然界运动所抹平，不会造成现实的生态问题。例如，蒙昧时代的原始初民以采集、狩猎为生，这种仰仗自然恩赐的生活生产无力影响自然界的客观进程，所谓环境问题自然无从谈起。进入文明时代以后，工具的发明、技术的进步表征着人类干预自然力量的日渐增强，实践活动对自然的破坏性影响随之开始逐步显现，随着生产力的高度发展，尤其是在现代大工业生产条件下，自然界自身的运动再也无法消除人的活动的影响。生产力的高度发展，使得人对自然界的改造能力远远超越了自然界的自我恢复能力。当人类活动的消极后果积累到一定程度时就造成了现实的生态问题。因环境巨变导致文明湮灭的事件在各个大陆的文明史上屡屡发生。生态问题在不断累积中趋向多发、突发或并发的危机状态。

由此可见，人同自然的关系构成生态问题的实质。人们在生产劳动实践过程中对自然造成难以修复性的破坏，使得人与自然关系遭到恶化，从而出现生态危机。而人们的生产和劳动实践总是在特定的社会生产关系中展开的，因此，人与自然关系的异化只是一种外在的物象表现，它归根到底根源于人与人（社会）的关系的异化状态。

（二）根源：人与人关系的异化

影响并造成当代生态问题并形成生态危机的社会历史因素是多方面的，既有人类生存方式方面的客观基础，又有生产力发展程度的历史性前提，既有科学技术发展的影响又是消费主义生活方式泛滥的结果，而当代科学技术的发展和消费主义扩张的背后又有着资本不断增值、无限扩张的深层原因。生态危机的发生与人类的活动密不可分，尤其与当代全球占主导地位的生产方式和经济活动密不可分。人与自然关系的异化不是单一的现象，而是从侧面反映出生产关系和社会关系的现状。

自从资本来到世间，整个社会的生产就变成了资本的再生产。资本的再生产像被使了魔法一样不停地持续运转，它仿佛一个法力无边的怪物，凡是其所及之处无不被纳入资本的口袋，就连人类最后的精神避难所——艺术和宗教也难以幸免于难。纵观资本的诞生过程，我们不难看出一部资本的发生史不仅是工人的血泪史，更是一部生态灾难史。

20世纪五六十年代，第一次环境危机发生于西方工业化国家，主要以环境污染为表现，如大气、水、土壤、固体废弃物、有毒化学物品以及噪声电磁波等造成的物理性污染为主要表现形式，并以环境公害事件的集中爆发为极端表现形式。经过长期的努力，西方城市环境污染问题基本得到控制甚至解决。但是，好景不长，新的、更为严重的第二次人类环境危机又叫生态危机在20世纪七八十年代开始发生，其特点是范围广、影响深。发达国家和发展中国家都遭遇了各自的环境问题，特别是资源短缺（如水、耕地、能源、矿产等）成为绝大多数国家面临的发展瓶颈；人口剧增同时伴随人口老龄化，全球性的人口问题不仅加重了环境和资源问题，也带来严重的社会问题；物种灭绝、森林消失、温室效应等也成为全球性的环境问题。

从历史长时间来观察，我们可以发现生态环境问题逐渐走出一定区域、一定国家的地域限制和局部性，进而开始成为危及整个人类生存的达摩克利斯之剑。生态环境问题同现代社会生产方式的变革密切相关，它是资本再生产在世界历史范围无限拓展所带来的工业文明的伴生物。它与现代社会物质财富的堆积一起构成一枚硬币的两面。资本诞生后，资本主义生产关系得以确立，极大地推动了人类生产能力的提高，同时也加大了资本主义生产对人力与自然力的剥削。占据统治地位的资本开始统领一切，并将自然也纳入其征服的历史进程，于是人和自然的关系日渐紧张，全面冲突不断。现代工业生产不断在对自然资源掠夺性开发的同时无限扩张，其总根源就在于资本的再生产运动。资本作为一种社会关系的外在体现，它是人类没能得到充分发展的社会生产活动的产物，在生产过程中，资本由生产过程中的一种要素与手段异化发展为生产的唯一目标，生产却被赶下神圣的殿堂，沦落为资本的婢女，资本以其不可一世的耀眼光辉统摄着人类的生产活动，乃至全人类的全部社会活动。从科学技术发展来说，科学技术越发展，人类利用和改造自然资源的范围越广、能力越强，自然界随之发生的改变也就越大，同时由此产生的消极后果也就越多。这就是科学技术的发展缘何又被称为双刃剑的原因，它在增强人类实践能力带来丰裕物质生活的同时，也造就了严重的生态问题。

资本的本性在于实现自身最大限度的增值。资本的增值形成于生产，通过流通并最终通过消费得以实现。因此，资本实现最大限度的增值需要两大基本条件：最大限度的生产和最大限度的消费。但是资本主义扩大的生产和消费不是为了满足人类的需要，而是为了满足资本增殖的需要。这样，在资本增殖逻辑的支配下，资本主义的大量生产和大量消费与自然的有限性之间存在着无法克服的矛盾，人与自然之间的矛盾越来越严重。资本主义生产方式在推动生产力发展的同时，也使人与自然之间的物质变换过程出现了"断裂"，破坏了作为一切财富源泉的土地和自然条件，极大地破坏了自然的和谐与平衡，危害了人类的身心健康和生命根源，造成了生态危机。可见，生态危机是人类物质需求的无限性与自然资源的有限性之间的矛盾、人类利用自然资源的无序性与自然生态系统的有序性之间的矛盾、个人和集团使用自然资源与人类整体利益的矛盾等各种矛盾的集中体现。资本主义生产方式是现时代各种矛盾产生的根本原因，正是私人利益和资本扩张所带来的生产与资本间的异化状态无视生产的自然前提，割裂了人与自然的和谐，资本主义以追求利润为基础的掠夺式的生产方式在社会的以及由生活的自然规律决定的物质变换的过程中造成了一个无法弥补的裂缝，于是就造成了地力的浪费，并且这种浪费通过商业而远及国外。虽然这种裂缝在非资本主义社会也存在，但是资本主义一般化了这种裂缝，奠定了大范围的环境危机产生的基础，最终导致生态危机的产生。

人与人关系的异化归根到底是由资本主义私有制、资本的生产方式和异化劳动带来的，因此，要从根本上解决生态危机，使人类与自然重新恢复到友好和谐状态，就要废除资本主义私有制、资本的生产方式和异化劳动。

（三）出路：生产的可持续发展

对人与自然关系的看法体现了人们的自然观。有人将生态危机的出现归咎于人类中心主义的自然观，许多西方学者甚至认为马克思自然观坚持人类中心主义，与此相应的征服自然的观念恰恰是资产阶级启蒙意识的理性主义逻辑，而马克思承认资本的现实逻辑也就意味着他认同资产阶级意识形态。例如在鲍德里亚看来，马克思的自然观是有问题的，根本原因在于这种自然观在对自然的态度上是暴力式的支配和奴役。他指责马克思的生产理论是一种种族中心主义。因为在生产原则的支配下，一切都是以生产为目的和宗旨的，不仅人被规定为生产的要素，自然也被规定为受控的对象。这造成的严重后果自工业革命以来愈加明确而迅速地显现出来。

应当承认，鲍德里亚从时代发展的角度关于人类对自然资源的过度开发和破坏性利用的批评是完全正确的。他对消费、时尚、休闲以及符号这些当代权力与社会再生产的关键机制的探讨，对符号与类象这些当代文化的内部控制机制的具体运作方式的分析都极具创见和启发意义。但他犯了一个逻辑上的错误，即把马克思对资本主义条件下生产力进步作用的肯定等同于马克思对资本主义意识形态的认同，从而与其他后现代学者相类似，将人类摆脱现实困境的出路归为取消"人类中心主义"的观念上的转变。

面对越来越严重的生态问题，全球范围的生态运动逐渐兴起。全球绿色运动的主导哲学思想——生态主义哲学开始流行。围绕着当前环境问题产生的根源，生态哲学两个重要派别人类中心主义与非人类中心主义之间争论不断。非人类中心主义认为，人们在思想观念上坚持人类中心主义是造成当前生态环境问题的根本原因，要想解决环境问题必须摒弃人类中心主义。与此不同，人类中心主义则认为，当前生态问题的制造者并非人类中心主义，人对自然的支配，不是出现生态问题的原因，相反，人与自然矛盾的解决恰恰需要人发挥主体作用。事实上，无论人类中心主义还是非人类中心主义，承认非人类自然界具有一定的自我调节、修复、维持、发展的能力，其实就是承认非人类自然有一定的内在价值。然而，自从有了人类，所谓"非人类中心主义"就永远是不切实际的幻想。因为我们对自然与人的关系的理解和解释都不可能完全摆脱我们人类自己的视野，对非人类自然的所谓的理解也只能是人类为原点的理解，所谓的替非人类自然辩护，只能是意味着原有人类视野的扩展，而非对人类视野的取代。在全球生产力不断发展进步的环境下，那种一味主张反增长、反生产、反技术，崇尚"回到丛林去",似乎只要人们转变了对自然界物化的思想和工具价值理念就可以彻底改变甚至颠覆传统社会发展模式的想法和做法,只能是一种浪漫主义的美好愿望而已。

当今生态危机的解决并非单纯的自然环境问题或思想观念问题,它主要还涉及不同国家、不同利益共同体的博弈与较量,表现为一种利益协调。解决环境问题的合理思路,应该以人类自身长久生存和可持续发展的价值关怀为参照,通过不断反思和矫正人类活动中的片面性和盲目性,寻求新的有助于人类自身生存和发展的实践活动方式,而不是简单地靠宣扬"非人类中心主义",甚至走向否定人类在社会生产实践中的主体地位的另一个极端。以人类中心的名义在人与自然的关系上坚持极端的功利主义原则当然是错误的。而一些极端的"非人类中心主义"者所提供的应对环境的方略,则反映了他们极度厌烦人类文明、渴望逃避现实的情绪表达。在某种程度上却消极地逃避了人类对于环境问题所应该承担的责任。

在人与自然的关系上,马克思既强调人对自然的依赖,也重视人对自然的改造,更坚持一种人与自然互为生成的实践过程的观点。人并非外在于自然,也并不是凌驾于自然之上,人本身就是自然进化的一部分,人与自然、社会是一个统一的整体。这是马克思自然观的核心思想。马克思曾就人与自然间的辩证统一关系论述道:"自然界,就它自身不是人的身体而言,是人的无机的身体……所谓人的肉体生活和精神生活同自然界相联系,不外是说自然界同自身相联系,因为人是自然界的一部分。"① 在马克思的时代,大工业对生态环境的破坏力度还远没有达到今天这样严重的程度,基于时代的局限,马克思当时没有也不太可能考虑到人类在无限发展的生产过程中可能面临的总体

---

① 《马克思恩格斯文集》第 1 卷,人民出版社 2009 年版,第 161 页。

性生态、环境和资源危机。我们没有理由据此对马克思做过多的苛求，更不能蛮横地将环境问题归罪于原本主张人与自然和谐共生的马克思自然观。

人类是自然之子，自然是人类借以栖居的巢穴，也是人类的"外部躯体"，人类与自然不可分割。在传统工业生产力的高速发展带来的生态危机越来越突出的今天，追求一种能够实现人与自然和谐发展的生产方式已成为人类的共识。例如，继1992年《联合国气候变化框架公约》、1997年《京都议定书》之后，经过一番艰苦的谈判，2015年12月12日在巴黎气候变化大会上通过了人类历史上应对气候变化的第三个里程碑式的国际法律文本——《巴黎协定》，形成2020年后的全球气候治理格局。将世界所有国家都纳入了呵护地球生态、确保人类发展的命运共同体当中。尽管2017年6月1日，美国从自身利益出发宣布退出《巴黎协定》，但现如今，环境问题的国际化已经成为一个不可逆转的趋势，环境污染的治理和生态问题的解决依靠生产方式的转变和整个科学技术水平的提高，只有联合全世界各个国家，关注与生产方式相关的经济、社会、环境不公平问题，建立起全人类能够平等地共享自然的社会制度，才能形成强大的合力，促进生态问题的解决，最终实现人与自然的和谐统一。

二、金融危机与生产

2007年8月发端于美国的次贷危机，随后席卷全球，甚至传导蔓延至整个新兴市场国家和发展中国家，从金融领域扩散到实体经济领域，酿成了一场历史罕见、冲击力极强、波及范围极广的世界金融危机，给全球经济发展带来了灾难性的影响，使之陷入新一轮的全球性衰退，全球股市无一幸免于暴跌的命运。世界发达经济体相继陷入衰退，包括世界发展最快的新兴经济体中国在内的许多国家都受到了影响。从次贷危机到金融海啸的演变过程中，人们深深体会到金融风暴的破坏性和广泛性，这促使人们去寻找其根源，其背后隐藏着世界经济体系深层的生产结构性问题。

（一）金融危机与经济危机异同

经济危机是资本主义经济发展过程中周期爆发的生产相对过剩危机，往往是在社会生产正大量生产时出现商品滞销、产品积压、消费不佳、生产过剩的一种经济现象。金融危机则是在社会金融系统中爆发的危机，表现为金融资产价格、金融指标短期内急剧变化，进而表现为货币危机、债务危机、银行危机、金融机构破产等。

从理论上讲，"金融"与"经济"本身差别较大。"金融"是以货币和资本为核心的系列活动总称，与它相对应的主要概念有"消费"和"生产"，后两者则主要是围绕商品和服务展开的。"经济"的内涵显然要比"金融"更加宽泛，包括上述的"消费""生产"和"金融"等一切与人们的需求和供给相关的活动，其核心在于通过资源的整合，创造价值、获得福利。就此而言，"经济"是带有价值取向的一个结果，"金融"则是实现这个结果的一个过程。

同时，金融危机又与经济危机存在着密切的内在相关性。从历史上发生的几次大规模金融危机和经济危机来看，大部分经济危机与金融危机都是相伴而生的。以生产过程为例，无论是在生产过程的投资阶段，还是加工阶段，又或是在销售阶段，任何一个阶段出现的不确定性和矛盾都足以导致货币资本运动的中断，资本投资无法收回，从而出现直接的货币信用危机，也就是金融危机。当这种不确定性和矛盾在较多的生产领域中出现时，生产过程便会因投入不足而无法继续，从而造成产出的严重下降，引致更大范围的经济危机。也就是说，在发生经济危机之前，往往会先出现一波金融危机，最近的这次全球性经济危机也不例外。就美国次贷危机而言，其根本原因在于资本市场的货币信用通过金融衍生工具被无限放大，在较长的时期内带来了货币信用供给与支付能力间的巨大缺口，最后严重偏离了现实产品市场对信用的有限需求。当这种偏离普遍地存在于金融市场的各个领域时，次贷危机，也就是局部金融矛盾，向金融危机的演化就不可避免了。这便是为何金融危机总是与经济危机相伴随，并总是先于经济危机而发生的原因所在。

马克思和恩格斯曾全面论述过经济危机与金融危机的关系，认为经济危机的根源是普遍性生产过剩，实体经济一旦出现问题会导致银行信用违约，引发货币危机并进而引发金融危机。这个理论能够非常好地解释16—19世纪的大多数经济危机，但是与20世纪以后的情况却好像并不那么相符。为什么会出现这样的反差？实际上20世纪以后所出现的情况并未超越马克思、恩格斯关于经济危机的理论体系。进入20世纪后，金融行业获得快速发展，越来越扮演起实体经济基础的角色，同时也成为实体经济的晴雨表。各项金融创新层出不穷，各种投融资工具和风险产品延伸至国民经济的每一个微观领域，货币及资本与生产、消费的每个环节都紧密结合。实体经济中出现的问题通常都能反映在金融领域，而金融创新带来的高杠杆和风险链条又会使得这些问题不断放大。由此，危机的爆发总是首先发生于金融领域，金融市场出现动荡或金融恐慌，但其根源却还是实体经济领域出现的生产过剩问题。

2007年美国次贷危机则再一次证明，金融行业的无限制发展带来了畸形的经济结构，虚拟经济与实体经济严重脱离，虽然表面辉煌，实则积聚了极高的风险，最终演变为严重的经济危机。但是正如有的研究者所指出的，"金融危机不会在真空中形成，通常情况下只有在经济受到实际损害而导致经济增长下降时才会发生；金融危机是经济局势恶化的放大器而不是引发经济恶化的扳机"[1]。因此金融危机的产生绝非偶然，而是有着深层的原因。

（二）消费过度？抑或生产过剩？

金融危机表面上看是消费过度膨胀，似与生产无关，其实不然，它恰恰正是生产过剩的危机。

生产相对过剩是消费相对不足的另一种表述方式。消费是分配结果的体现，收入差距的改变会直接影响到消费的水平和结构。收入分配差距推动了消费品结构升级替代的进程，对于经济发展具有一定的支持作用。逐步拉开的收入差距，为改变消费结构、加大高级消费品的比例提供了一定的拉力。但是，当经济发展带动经济规模增大到一定程度后，经济的长期、稳定、持续增长就不可能单纯依靠少数高收入者对高级消费品的消费来带动了，而是要求高级消费品能被更多的人消费得起。而收入分配上不平等程度的加深，严重地制约了消费需求的进一步提高，生产与需求之间的矛盾日益明显。马克思曾经指出，资本主义"社会消费力既不是取决于绝对的生产力，也不是取决于绝对的消费力，而是取决于以对抗性的分配关系为基础的消费力"。[2]

此次金融风暴，本质上是美国模式市场经济治理思想的严重危机。

---

① Carmen M. Reinhart,Kenneth S. Rogoff. *This Time Is Different: Eight Centuries of Financial Folly*. Princeton University Press,2009,p.219.

② 马克思:《资本论》第3卷，人民出版社2004年版，第273页。

随着资本有机构成不断提高，利润率呈下降趋势，这就使得资本在实业经济领域开始缺少有利可图的投资机会。由于生产能力过剩，主要投资方向开始转向金融业。金融业的发展不仅增加了资本的获利性，而且通过扩大信用刺激了有效需求的增加，这种加大投资、消费的经济发展方式成为美国抵制过剩危机和经济停滞的主要对策之一。金融化通过财富效应将资产价格的膨胀转化为需求从而缓和着经济停滞的压力。依靠金融化来挽救经济停滞，同时带来社会的财富转移，二者相互带动：金融投资替代实体经济投资来获取利润，就越发使社会财富逐渐向垄断资本转移，受利益驱动，垄断资本也就越发乐意以金融化的方式来谋求更大的利润。但金融业的繁荣不过是对资本主义生产领域问题的掩饰，金融化并没有根本改变经济停滞趋势。劳动者工资收入越下降，就越依赖债务弥补收入下降造成的消费需求不足。从根本上说，金融行业无法脱离实体经济的约束而持续长期扩张，依靠金融投机和借债支撑的需求必将受挫于停滞的实体经济面前。正如有学者指出的那样，"自20世纪70年代中期经历了严重的经济衰退之后加速的政府、企业与个人的债务，远远超过了实体经济允许的水平。基础脆弱的金融业在重重压力之下超常发展，最终必然危及经济的整体稳定"①。

作为解决过剩危机出路之一的金融体系的扩大，本身就隐藏了新的危机。"每一个对旧危机的重演有抵消作用的要素，都包含着更猛烈得多的未来危机的萌芽。"②金融体系的强势发展，一方面促进了资本主义生产的扩大，另一方面造成了一种虚假的需求，引起了资本主义生

---

① Harry Magdoff, Paul M. Sweezy. *Stagnation and the Financial Explosion*. Monthly Review Press, 1987, p.13.

② 马克思:《资本论》第3卷，人民出版社2004年版，第554页。

产的盲目扩大和投机活动，最终必然导致生产的过剩。随着金融泡沫产生并日益膨胀，这个时候会出现债务偿付危机，信用出现紧缩。金融危机的到来就是以金融化的方式挽救生产过剩的必然结果。金融危机导致了全世界的恐慌、混乱和经济下滑，其实质是资本主义与生俱来的生产社会化与资本主义私人所有制间的矛盾而引发的生产相对过剩危机。

（三）危机根源与生产动力机制

国际金融危机以及现在尚未完全走出的欧债危机和美债危机，实际上都根源于新自由主义兴起后资本主义基本矛盾重新深化导致的实体经济相对生产不足、消费需求和虚拟经济过度膨胀。资本主义全球金融危机尽管直接爆发于虚拟经济领域，但它如马克思所分析的那样，与爆发于实体经济领域的危机有着同样的根源。

马克思在《资本论》中对资本主义金融危机做过极为深刻的论述。马克思认为，资本家只是"人格化的资本"，因此，资本家表现出的本性本质上是资本的本性。而资本的本性就是"为发财而发财"。金融危机是金融资本从产业资本中独立出来后经济危机的特殊表现，源于资本家贪婪的本性，是资本家贪婪的代价。资本的贪婪使一切资本主义生产方式的国家都会周期性地陷入绕过生产过程而赚钱的狂热阶段。马克思指出，资本主义信用制度"把资本主义生产的动力——用剥削他人劳动的办法来发财致富——发展成为最纯粹最巨大的赌博欺诈制度，并且使剥削社会财富的少数人的人数越来越减少"[①]。"信用为单个资本家或被当作资本家的人，提供在一定界限内绝对支配别人的资本，别人的财产，从而支配别人的劳动的权利。"[②]"在这里，剥夺已

[①] 马克思:《资本论》第3卷，人民出版社2004年版，第500页。

[②] 马克思:《资本论》第3卷，人民出版社2004年版，第497页。

经从直接生产者扩展到中小资本家自身。这种剥夺是资本主义生产方式的出发点，实行这种剥夺是资本主义生产方式的目的，而且最后是要剥夺一切个人的生产资料……信用使这少数人越来越具有纯粹冒险家的性质。"[1] "银行和信用同时又成了使资本主义生产越过它本身界限的最有力的手段，也是引起危机和欺诈行为的一种最有效的工具。"[2]信用危机和金融危机突出地表现为货币危机，表现为人们对货币的追逐。在生息资本的运行过程中，于是产生了脱离实体经济发展，单纯追求货币自行增值的资本拜物教妄想。资本主义信用制度创造出拿他人的、社会的财产进行冒险赚钱的赌博欺诈制度。虚拟化的信贷、金融证券过度膨胀，必然会造成货币危机。资本主义国家政府为银行资本服务，加速了危机的爆发。

金融危机作为工商业危机的一个阶段，是工商业危机的最一般的表现，因而金融危机和工商业危机即实体经济领域的危机一样，其根源在于群众有支付能力的需求不足及其相关联的生产过剩。金融危机由透支消费、监管缺位、政策失误、低估风险和国际金融体系存在诸多弊端等因素所造成的，只是现象而非本质。一方面，由虚拟经济制造出来的需求假象诱导实体经济盲目发展；另一方面，社会有支付能力的需求又远远跟不上实体经济的发展速度，当社会信用链条在某一环节发生断裂，首先爆发的就是金融危机或信用危机。金融危机直接导致群众的收入减少和有支付能力的需求下降，并引发由虚拟经济造成的虚假有支付能力的需求破灭，使得实体经济中本来就存在却被掩盖的生产无限扩大的趋势与有支付能力的需求不足之间的矛盾开始显露出来，回归为实体经济生产过剩的经济危机。而实体经济的衰退，

---

① 马克思：《资本论》第3卷，人民出版社2004年版，第498页。
② 马克思：《资本论》第3卷，人民出版社2004年版，第686页。

又反过来加剧虚拟经济的波动，形成恶性循环。这正验证了马克思所指出的资本主义生产相对过剩的经济危机是以货币危机或信用危机为先导的观点。

如今金融资本在经济全球化中起着决定性的作用，推动着资本和财富在全球范围的迅速集中。全球化正是国家垄断资本主义向国际垄断资本主义发展的产物，它以市场经济体制在世界范围内广泛确立为前提，以国际分工为基础，以金融资本的全球循环流动为特征。金融危机的根源在于生产过剩，其实质在于资本主义生产的基本矛盾。资本主义全球金融危机再次证明，只要存在资本主义制度，经济危机就不可避免。世界生产能力无限扩大的趋势和世界范围有效需求不足之间的矛盾，以及资本主义生产的无限性与自然生态环境调节的有限性之间的矛盾进一步激化与发展，并与其他各种矛盾交织在一起，形成全球性问题。

生产与需求之间的失调在全球范围内表现为世界市场的过剩。当代资本主义国家在寻找海外市场、转嫁过剩危机的同时，资本主义基本矛盾也在全球范围内扩展开来。一方面是由发展中国家的相对贫困所造成的需求相对减少，另一方面是全球生产能力的过剩，如今，生产相对过剩已经从一国扩展到全球。于是当全球化的资本生产速度远远超过了市场的形成速度，而对产品的有效需求的增长率赶不上产品的生产率，资本生产的无限扩大与有限的世界市场之间就存在着尖锐的矛盾。资本的全球化将私有资本的内部矛盾引向整个世界，将资本主义的内部矛盾引向深入，使其在全球范围内充分发展、充分展开。在经济全球化把资本主义生产方式扩展到全球范围的同时，资本主义基本矛盾以及作为其表现形式的经济危机也经历了"全球化"的过程。"经济全球化扩大并巩固了资本主义的世界经济体系，实现了贸易、金融、投资、劳务、技术等的全球自由流动，于是也促成了金融危机的'全球化'。"①

马克思认为，资本主义生产方式中所特有的经济危机现象，主要是每隔数年定期重演的周期性经济危机现象，是普遍经济危机或普遍危机现象，是由生产过剩产生的。生产过剩趋势不是对市场界限的无知或判断失误的结果，生产过剩的基础来自资本主义生产方式自身固有的限制。资本主义生产的目的不是消费，而是积累资本和占有利润。资本积累并不是为了满足消费者需要，而是为了发展生产力，消费者需求的限制不过是资本家必须克服的障碍而已。正是在这个意义上，马克思指出生产力不断发展及由此产生的大规模生产，构成现代生产过剩的基础，这种大规模生产的条件一方面表现为广大生产者消费仅限于必需品，另一方面则表现为资本家的利润构成生产的界限。

发展生产力的需要不仅仅成为资本家主观动机的表现，而且通过内在的、不断自我复制的生产过剩趋势的竞争压力强加到资本家身上。在这种内在压力的驱使下，资本家不顾市场的界限，不断通过发展生产力来扩大生产。必要劳动是活劳动能力的交换价值的界限或产业人口的工资的界限，剩余价值是剩余劳动和生产力发展的界限，货币是生产的界限，使用价值的生产受交换价值的限制。在限制与想要突破限制的冲动之间总是存在着矛盾。马克思指出："资本主义生产竭力追求的只是攫取尽可能多的剩余劳动，就是靠一定的资本物化尽可能多的直接劳动时间，其方法或是延长劳动时间，或是缩短必要劳动时间，发展劳动生产力，采用协作、分工、机器等，同时，进行大规模生产即大量生产。因此，在资本主义生产的本质中就包含着不顾市场的限

① 胡莹:《关于美国金融危机的冷思考——基于生产过剩的马克思主义视角》，载《理论建设》，2009年第6期。

制而生产。"①

由此可见，马克思的危机理论属于他关于资本主义生产方式动力这一更广阔论述的重要组成部分，目的在于更加深刻地分析资本主义的动力机制。

当资本主义基本矛盾所导致的各种矛盾变得异常尖锐，国民经济各部门之间以及生产与消费之间的比例关系开始严重失调时，经济危机也就爆发了。而经济危机的爆发，会破坏现有社会生产力，强制性地缩小资本主义生产规模，使其与有支付能力的购买力之间比例暂时恢复到平衡状态。于是，资本主义再生产过程中的各种矛盾也由此而得到暂时的缓解，资本主义生产就在经过一段时期停滞后，重新恢复和发展起来。然而，由于资本主义基本矛盾没有解决，经济危机的根本原因并没有消除，因此，随着资本主义生产的高度发展，各种各样矛盾开始加剧，并导致下一场危机在一定时期内爆发。

从根本上说，防范和应对金融危机更需要拨开资本的迷雾，回归生产。资本主义制度下技术进步引发的产业结构变迁，其实质是为资本谋求最大利润手段的变迁。经济的"去工业化"使得作为剩余价值载体的物质产品生产总量下降，从而社会的实际剩余价值总量很难提高，而逐利的金融资本却要求分割越来越多的剩余价值，从而产生了社会剩余价值总量有限性与资本增殖需求无限性之间的矛盾。因此，要努力推动企业技术自主创新、促进产业结构升级和经济发展方式转型，给金融资本创造发挥潜力的空间，避免金融资本与生产资本的离心化发展。发展虚拟经济要与产业结构调整相协调，坚持以实体经济发展为基础的发展原则，实现实体经济有效延伸，为实体经济提高效率提供有效空间。另外，还要破除资本主义生产方式的对立型劳资关

---

① 《马克思恩格斯全集》第 26 卷 II，人民出版社 1973 年版，第 596 页。

系，超越资本主义只依靠少数资产者进行创新的局限，激发最广大劳动者的劳动热情和创新精神，在实体经济生产效率提高和产品量增大的基础上，扩大消费需求和各种服务业的发展。

三、科技异化与生产

现代化运动根源于现代生产实践，代表了近代以来世界发展的一个大趋势，它早已超越了最初地域和领域的局限，给自然界乃至人类社会的经济、政治、文化都带来了深刻而复杂的影响。现代科技飞速发展，在极大地提升人类改造外部自然环境能力的同时，也带来了许多不期而至的"副产品"。由生产异化带来的科技异化造成了科技与人文的分裂，由此带来的生态危机、社会危机和精神危机正严重地威胁着人类社会的安全，极大地影响着社会的可持续发展。科技发展与人的关系问题成为20世纪以来哲学反思的一个重大课题。

（一）科技与人文：人类文明的左右手

科学与人文都是人类理性的重要组成部分，作为理性的两翼，它们凭借不同的方法和视角在人类认识和改造自然与社会的过程中相互作用，交互共生。在人类社会的童年时代，人类文化之母体共同孕育了科学与人文两种精神。最初，科学、艺术、哲学等在文化形态中完全浑然一体，以后随着人类文化分工不断深化，文化的直接同一性逐步演变为多样性特征，科学与人文也逐渐从内在完全融合演变为外在的分离与对立。我们现在谈论的"科学"，多是指以系统化的实证知识为主要内容的现代意义上的科学。它产生于19世纪，仅局限于自然科学，被看作是关于自然界、社会和思维的知识体系。"技术"则主要指科学理论和知识在生产实践中的现实应用。如果说科学技术主要处理人在生理上与物的关系，那么"人文"则泛指人类社会的各种文化现象，主要涉及人与他人、社会以及与自身的关系。

人作为自然界的一部分，在生物学意义上是一种肉体存在物，与此同时，人还拥有一个精神世界或心灵世界，因此，人是一种肉体与精神的二重性存在。这种二重性存在恰恰是人现实存在的基础和前提，而科学与人文两种文化形态的现实存在也正根源于此。对应于人的肉体和精神两个层面，科学与人文两种文化的追求目标也具有现实和理想的分殊，前者侧重工具理性，后者则强调价值理性。人类认识和改造外部世界是一个整体过程，在这个过程中必然既要依靠科技的工具性力量，也要依仗人文价值的导引。科技的发展帮助人类摆脱愚昧，带来物质的进步，为人文精神的弘扬提供现实基础；人文精神则为科技理性提供伦理规范和价值导向。科技理性和人文精神虽然在思维方式和行为方式方面具有不同表现形式，但它们都是现代化的题中之意，体现着现代化的本质内涵和内在诉求。

然而在人类文明的进程中，随着西方现代化进程的推进，科技与人文出现了分裂与冲突。随着科学技术进步及其对当代社会生产和生活影响的不断扩大，自然科学的发展取得了惊人的成果，其知识形式、思维方式和研究方法随之被看作是最为行之有效的，与此相应，科技本位思想盛行。在科学技术统治的时代孕育了狭隘的科学主义功利观。与极端功利主义科学观相应的是片面追求效益的原则，这就导致科技理性日益膨胀，人文精神、价值理性式微，科技与人文的分离，致使人类在对物质、技术的盲目追求中日渐迷失自我，进而使人的生存环境和内在自我均陷入现实发展的困境。

科技与人文的分裂在社会根源上是资本主义生产方式深层矛盾的

反映，它源于生产异化的科技异化。现代科学与资本的关系极其密切，它的兴起不仅与资本直接相关，而且直接就是资本增殖的重要手段。资本之所以对科学充满"兴趣"，根本原因在于科学能够最大限度地满足资本增殖的"愿望"。在这个意义上，科学与其他生产要素并没有本质上的区别，科学的进步首先体现为资本的增长和扩张。马克思指出："文明的一切进步，或者换句话说，社会生产力的一切增长，也可以说劳动本身的生产力的一切增长，如科学、发明、劳动的分工和结合、交通工具的改善、世界市场的开辟、机器等所产生的结果，都不会使工人致富，而只会使资本致富；也就是只会使支配劳动的权力更加增大，只会使资本的生产力增长。"①

在认识层面，科技与人文分裂又与人们认识的片面性、机械性、绝对化密切相关。科技与人文的这种冲突过程在思想深层还体现着人类哲学研究主题和思维方式的发展演变。

（二）超越划界：立足实践的生产主体

纵观人类历史，哲学研究主题的演变经历了从本体论到知识论，再到实践论的发展历程。哲学思维方式也经历了古代朴素辩证思维、近代形而上学和思辨方式，再到实践思维方式的发展过程。

古代朴素辩证思维方式是对象性思维，其特点是直观性。受当时思想局限，在主客体问题上仍然用形而上学的思维方式，认识的对象是作为客体的外部世界所给予的，认识的主体处于被动的地位，只是直观的反映者，因而观念和外部世界不存在矛盾，是绝对同一的。人们只要关注事物的本原就可以找寻到一切问题的答案。因而哲学研究偏

① 《马克思恩格斯全集》第30卷，人民出版社1995年版，第267页。

重于本体论的研究，人们坚信：世界万物有一个本原性的存在，而且人类理性是可以把握这个本原的。

到了近代，社会生产有了较大发展，实验科学也随之兴起，人类改造自然的能力也极大增强了，彻底改变了人对自然的隶属关系，从而突出了人的主体地位。相应地，人类对外部世界的认识也有了较大提高。人们开始认识到人类的认识与认识的对象之间并非完全同一的，它们之间存在着矛盾，而这种矛盾的存在与人类的认识能力和内在结构密切相关。要正确把握外部对象就必须对人类的认识能力进行研究，哲学研究开始从本体论转向认识论。哲学的目的在于寻求人类知识的起源、确实性和范围。认识首先不能指向外界对象，而应是对认识的主体——人自身进行反省。在对主体反省过程中出现了唯理论与经验论的对立，一方坚持认为一般概念更根本，另一方则坚持个别的感觉经验更可靠。二者各执一端，从而使近代哲学的发展也陷入了困境。

基于近代认识论哲学的困境，康德以"人为自然立法"在哲学领域发起一场"哥白尼式"的革命。在康德那里，先验知性为自然立法，而先验知性与物自体的对立则成为认识活动的出发点。这一方面提高了主体的能动性，另一方面却在主体与外部世界之间划了一道不可跨越的界限。康德批判哲学的整体框架就是依据这种二分模式建构起来的。一方面是"为自然立法"的自我意识，另一方面是"为自己立法"的自由意志，前者属于理论理性，适用于现象界；后者属于实践理性，适用于物自体，后者要高于前者。康德的划界思维，是对本体论思维方式的真正解构，这一方面调和了经验论和唯理论的矛盾，另一方面却带来了认识主体与不可认识的自在之物之间更大的矛盾。有限的理性决定了有限的主体认识能力，也导致主客体的彻底分裂。康德对自然与精神的划界，导致价值从认识论中剥离，这就给实证主义以可乘之机，也就使科技与人文的分野在知识论层面成为可能。

康德的先验自我虽然包括思维的形式和内容，但二者仍处于分离状态，没有统一起来。基于康德在此问题上的二元对立，黑格尔用思辨的方法完成了二者的抽象统一。他把纯粹"自我"作为开端，在这里，纯粹的思想与纯粹的存在是绝对同一的，它是一种能动的实体。在自己的发展过程中不断否定自身和超越自身，把自己外化为主体和客体，从而逐渐呈现出事物的丰富内容。黑格尔以"实体即主体"即"绝对即精神"这一最高原则为基础和出发点，把人类精神的一切活动都绝对化、本体化为绝对精神的辩证自我运动，在原则上是把本体论、认识论和辩证法融合在一起，但事实上，主体的能动性仅仅表现为思维的特点，现实充满活力的主体却抽象化为"绝对精神"的自我展现。

无论是康德通过划界确立的主体性还是黑格尔通过绝对精神实现的统一，都没有找到人与世界对立统一的现实基础。马克思则从实践哲学的研究视角出发，深入地探索了作为实践的基本形式的生产劳动，从"人的感性活动"，即从"实践"和"主体"的角度来认识现实世界，理解思维与存在的对立统一，不仅从认识层面对主体能动性给予科学地解释，而且从能动地改造世界的实践活动层面来把握主体能动性，深化了对这一问题的认识，也大大提升了理论水平，从而在哲学思维方式方面完成了实践思维方式的革命性变革。马克思哲学强调，人的感性活动是现存感性世界的最深刻的基础。哲学的本体论、认识论、价值观乃至社会历史观等问题，都只有在人的感性实践活动的基础上，并以人的感性实践活动为依据，才能得到充分理解并合理地解决。在马克思看来，生产的主体是指在一定社会关系下从事物质生产的、作为历史起点的"现实的个人"。作为有生命的个人存在，立足生产的实践主体总是同特定的物质生活条件（包括特定的自然环境和人化自然

环境）相关联，是从事着生产实践活动、始终处于社会交往中并同社
会历史生活结合在一起，有着多样的需要和自身的历史生成过程的现
实的人。现实人的具体历史性活动是人和外部环境在一定历史条件下
的双向互动过程，现实的人的现实的需要引致现实的生产实践，在人
的实践活动中规约和生成人的本质、外部对象及其相互关系。外部环
境是人活动的前提，但它并不会自动地成为人的认识对象。外部世界
能否成为以及在多大程度上成为人的认识和实践对象，并与人形成交
互关系，这主要取决于人的实践活动范围和能力。恰恰是这种立足生
产的实践主体，使人的外在规约性和内在超越性有机地结合起来。科
学作为生产力的要素，首先体现于科学在直接生产过程中的应用。"自
然界没有造成任何机器，没有造成机车、铁路、电报、自动走锭精纺
机等。它们是人的产业劳动的产物，是转化为人的意志驾驭自然界的
器官，或者说在自然界实现人的意志的器官的自然物质。"① 主体和实
践不可割裂，现实人的意志与他们所处的特定社会生产关系密不可分。
这种作为关系性的社会存在，有时被理解成神秘主义的、不可知的自
在之物。而只有立足现实的人的主体生产实践，才能还原其真实面目。

（三）破除障碍：确立整体性创新思维

科技与人文外部分离的现实无法改变二者在主体人实践与思维中
融合的必然趋势。由生产实践所塑造的人的生存境遇也就是人与自然
世界的生成关系和整个人类世界历史的生成，它在本质上也是实践主
体的自我生成和自我扬弃的过程，这一多重互动过程也彰显着科技与
人文演进的历程。诚然，划界方法在一定程度上保持了世界多重性和

---

① 《马克思恩格斯全集》第31卷，人民出版社1998年版，第102页。

多样性的面貌。这种方法"自觉地把科学世界与人文世界、自然世界与属人世界、事实世界与价值世界、知识的世界与实践的世界等进行明确的区分，认为它们各有其存在意义，同时又各有其适用边界，不得彼此僭越和还原，这就在根本上宣告了把世界还原成某种单极的、绝对的方法的非法性，拒绝了对于世界的简化主义和还原主义态度"，因而"具有更大的包容性和开放性，体现出以一种符合现实世界本性来把握和理解现实世界的努力和趋向"①。划界方法主张根据不同领域内在要求，运用不同的把握方式，强调知性的把握方式在特定领域的合法性，防止其在其他领域无收敛地泛化使用，极大地推动了各领域的专业化，同时也促进了主体思维的发展。事实上，社会与主体是个有机的整体，社会与主体的发展相互依存、内在统一，很难将其分割开来，在某种意义上可以说，社会发展问题就是主体发展问题。在实践主体与外部世界互动生成过程中，面对种种复杂的实践问题，主体必将综合运用自己的全部主体力量来谋求解决。因而，严格的划界仅仅在理论上和思维中存在，而在现实人的实践活动中，上述"科学世界与人文世界、自然世界与属人世界、事实世界与价值世界、知识的世界与实践的世界"等划界的各个层面则是深深联系在一起并彼此交融的。

现代化推进到21世纪，科学知识高度综合、创新发展的知识经济时代成为主旋律。在知识经济时代，各门学科都必须兼具科技与人文的丰富内涵。"知识经济具有其特定的文化意蕴，即主客体协调发展、思维方式辩证创新、价值取向以人为本和自然技术科学文化与人文社会科学文化的融通和共进。这些文化含义体现了以科技为手段的探究情怀、以实践为基础的行为规则、以协调为原则的价值指向和以主体

---

① 贺来、李虎:《现代哲学的"划界方法"及其理论意义》，载《学习与探索》，2003年第5期。

为目的的终极关怀等文化理念。"①特别是当前现代化发展所面临的社会发展创新动力不足、持续发展的深层活力不够，以及一系列迫切需要解决的生态和社会难题，都需要我们走出划界思维，消除人为造成的科技与人文之间的差异，及其方法论差异带来的混乱，驱除由于科技的专业化和标准化造成的科学发展的停滞与科学意识形态裁制人的情形。只有这样，才能使生产实践主体具有开放性和创造性的思维，突破现有知识和传统方法的局限，对于现时代社会和人的发展难题，尝试从多视角、多层次、多维度地去思考并加以解决。

要确立整体性创新思维，需要澄清以下几个问题：

一是强调科技与人文协进的整体思维并非要模糊科学与非科学的界限，降低科学的精准化与专业化，而是要增强学科之间、主体之间的互动和知识信息流动，从而打通观念和经验之间的壁垒，避免从狭隘的学科和专业角度看问题，真正实现要素整合，促进创新和协同发展。

科学的进步必然要求人类的科学理论和知识日益专门化和专业化，科学的专门化和专业化程度在一定程度上反映出人类智力发展的水平。但高度的专门化和专业化，可能会在普通大众与科学之间竖起一座高墙。同时，科学的高度专门化和专业化，也有可能使科学家脱离现实生活，陷在学术或技术的王国中，进而强化科学与人文的彼此隔绝。在现代学术体系与学科分化的条件下，以学科分类为基础的专业化研究是不可避免的，但与此同时，一些重要问题的破解必然要求打破学科的界限，划界与融合都是常态性的要求。整体性是当代科学发展的一个重要特征，自然科学、哲学社会科学以及思维科学等具体学科都包含在这个有机统一的科学体系整体中。如前所述，科技与人文并非根本对立，科技本身也是社会文化有机整体的组成部分。随着科学技

① 夏建国：《知识经济的文化意蕴》，载《湖北大学学报》（哲学社会科学版），2000年第6期。

术的飞速发展，大量的新思想与新观念、新发明与新发现、新学科与新领域交错出现，人类认识与实践的范围随之不断拓展，科技与人文思想在新时代不断交融与碰撞，内涵得到极大丰富。随着经济全球化的不断发展，技术创新的速度越来越快，其复杂程度日益增强，各学科之间，科技与经济、社会及文化之间的交互活动空前活跃，交叉学科成为创新的增长点。如今，重大科技项目与重大文化工程的创新固然需要配备先进的科研仪器，依托互联网技术，但更需要组成高效的科研团队，实现多学科的联合协作与攻关。因为在科学技术日新月异的今天，创新活动的推动和实现已经远远不是某一个生产主体所能单独承担的，多元主体共同参与创新已经成为创新发展的必然趋势。

二是强调科技与人文协进的整体思维不等于在发展中畏首畏尾、止步不前、效率低下，而是要强调在追求效率和秩序的过程中，不放弃实践主体的价值指向与精神自觉，避免陷入工具理性和功利主义的泥潭，运用整体思维来引领原始创新和重大自主创新。

先进的科学技术极大地提高了人们认识和利用自然力的能力，但随着工业文明对效率和秩序的追求，使得工具理性得到推崇，人的价值和自由却受到遏制。如果一味地强调效率和秩序，片面追求规范化和功利化，忽视文化价值、终极关怀和人生意义等，那么最终只会陷入人性危机与生存困境。因此，只有心物兼顾、内外双修才是人类文明之正途。

这里强调坚持价值指向与精神自觉绝不是为裹步不前找理由，而是要使生产实践主体既能够站在科技前沿去思考问题，同时又充分发挥主体自觉的价值评价与引领作用。使立足生产的实践主体具有反省的自觉，面对现代社会各种被宰制现象及人类的生存困境，能够保持精神上的警觉，做出理性的判断，并始终坚持向善的价值选择。

人只有在自由状态下才具有创造性。人文社会科学思维方式为科技创新提供了不同于自然科学思维的价值判断、思维形式和思维方法等，科学思维也推动了人文社会科学的社会化，科技与人文思维方式的结合，不但不会降低效率，反而会彼此助力，打破思想束缚，促进人的自由全面发展，极大地激发主体的原始创新和自主创新能力。

四、城市发展难题与生产

社会生产需要相应的空间条件和前提，这要在人们的活动中生产出来。空间生产也就是人们通过物质资料在物理空间中的重置或者重构创造出符合人们需要的空间产品的活动过程。空间产品既是生产活动的结果，同时又构成了进一步社会生产的基础和前提。由于工业化、现代化而引起的人口向城市集中的过程，是经济发展的各种要素空间集聚与重新分布的过程，也即所谓的城市化（或城镇化）。作为现代化的一项重要任务，城市化已经成为一种不可逆转的历史潮流。

（一）空间生产语境下的城镇化研究

西方发达国家大多走的是城市化与工业化基本同步，先是集中型城市化，后转向分散型城市化，通过市场机制主要由民间推进实现的城市化道路。这种发展模式曾经导致了尖锐的城乡对立，产生过严重的"城市病"，各国在城镇化快速发展过程中都不同程度遇到了土地、住房、交通、环境和历史文化保护等方面的问题。特别是进入21世纪，世界城镇化呈现出聚集与扩散并存、城市更新步伐加快、动力机制现代化、城市发展个性化和生态化等新型城镇化的发展趋势。自改革开放以来，尤其是进入20世纪90年代以来，以经济全球化为背景，中国城镇化建设进入高速发展时期，中国的社会结构发生了历史性的变化。投资、产业在城镇的集中，以及城镇化基础设施的发展等，都直接带动了中国经济的高速增长，人口与产业向大城市的集聚也随之加剧。然而，与世界同等经济发展水平的国家相比，中国城镇化的步伐明显滞后。而且，城镇化背后潜藏的诸多矛盾、问题也日益凸显。

中国城市化发展取得了世人瞩目的显著成效，但与世界发达国家相比，中国城市化程度仍然很低，目前，我国城镇化过程中面临增加整个社会财富和维护社会公平正义的双重问题。

一方面，中国虽已进入中等收入国家行列，但发展还很不平衡，尤其是城乡差距量大面广。我们的城市化发展程度仍然较低，城镇化进程明显落后于工业化进程，人口城镇化滞后于土地城镇化。城市规模的扩大与产业升级、优化和产业空间结构调整不够同步，城市基础设施建设不能完全满足城市发展的需要，交通拥堵、公共服务资源紧张等问题普遍存在。中国的城镇化发展在量的方面仍有很大的提升空间。

另一方面，受城市空间扩展的逐利性影响，空间正义的缺失问题不断凸显。改革开放初期，我们面临的主要发展难题是财富的缺乏与积累问题，各领域为了加快发展，更多的是遵从城镇发展的功利性、片面追求城镇化的效益原则，只注重增加社会财富，在带来物质财富极大增长的时候，却破坏了生态环境，加剧了城乡差距和发展不均衡，制约了主体人的发展，也制约了整个社会的和谐、可持续发展。城镇化与资源环境承载力的矛盾、城镇化与居民福利改善之间的矛盾等日益加剧，城镇化可持续性受到多方面挑战，发展方式亟待转变。很多农民实现了职业的工业化或服务化，但其身份、生活没有城镇化，在教育、医疗、社保等方面无法享受到与城镇居民同等的待遇。而且，伴随"旧城改造"与城市开发，空间资源利用过程中的公平正义问题也日益凸显。城市空间的不公问题严重影响城市社会的和谐，这对提升中国城镇化发展的质量提出了迫切的要求。

在这样的背景下，亟须以"空间正义"的价值和原则反思中国的城市空间生产，正确认识政府与市场在城市空间生产中的角色及其相互关系，使得中国的城市化符合"空间正义"的价值，实现城市社会的和谐发展。"所谓空间正义，就是在空间生产和空间资源配置中的社会正义，存在于空间生产和空间资源配置领域中的公民空间权益方面的社会公平和公正，它包括对空间资源和空间产品的生产、占有、利用、交换、消费的正义。"①

简言之，空间正义就是在空间生产、分配和消费中的正义诉求，其实质就是要在城市发展中突出人的核心地位。在城市建构过程中，不仅仅要追求利润，还要清楚为谁做这些工作，也即要把城市发展的主体——人真正当作一切工作的出发点。空间正义事实上关涉人们空间生存方式的基本内容，作为人们所必备的基本生存条件之一，生产和生活的空间资源也是人们生存方式的基本形式。根据一定的社会发展水平，公平地占有一定的生存空间、合法享有一定的空间资源和空间产品，是每一个公民的基本权利，更是社会应当满足的基本生存条件。空间正义主要侧重的不是规定人与空间之间关系的正义关系，而是规范人与人之间关系的价值准则，它的核心是使空间资源能够在人与人之间进行公平的分配，使每个人得其应得的东西。

城市空间既是物理空间也是社会空间，还是影响人们的生活状况、生活方式、社会心态、价值取向、思想情感、幸福指数的心理空间。

---

① 任平：《空间的正义：当代中国可持续城市化的基本走向》，载《城市发展研究》，2006年第5期。

空间生产的发展，一方面造就的是物质生产能力的发展、生产效率的提升，即物质生产力的进步；另一方面则造就了日益丰富和全面的社会关系，即社会生活的丰富性与全面性。要转变旧的城镇化发展路径，向重视人的城镇化转变就意味着彻底转变发展方式。不是简单地增加城市人口比例和扩张城市面积，而是要在产业支撑、人居环境、社会保障、生活方式等方面实现由"乡"到"城"的转变。这其实是城市空间的优化与重构。

城市空间的优化和城市自身的产业结构直接相关。城镇化总体来说是近代工业化的产物，二者又互为因果、相互耦合。城市的发展与产业的变迁密切相关。产业结构变化是导致城市职能重新分化与城市物质形态变化的重要原因。近年来随着全球经济一体化和竞争的加剧，城市产业结构不断调整和重新分工，城市发展格局显现出新的态势。中国作为新的经济体，伴随着经济增长方式的转变和产业结构的优化升级，必然需要重新建构城乡之间的空间形态。因此，新型城镇化可以说是一条现实路径。

（二）新型城镇化发展与社会治理

从世界经济发展经验来看，城市化是经济社会发展的必然结果。聚集效应是城市形成、生存和发展的重要动力和基础。在一定的聚集效应分布下，通过市场竞争和空间流动，城市的人口、资本、资源聚集规模与结构和组织体系趋于稳定，整个社会资源实现了空间配置的均衡，并决定城市的空间结构。由此可见，城市化过程本身是一个自然而然地由市场推进的过程。城市化的根本动力在于市场机制的作用，市场化是城市化的制度前提。

同时也应看到，市场化贯穿着资本的逻辑，随着市场化的推进，资本生存和发展空间得到大大拓展，资本逻辑在历史上极大地促进了空间生产的发展演进，推动了社会生产力的提升，不断激励现代人的创新意识，促使世界历史的"生成"，逐步使空间生产由地域性向世界性、全球性转化，并促使人口和生产资料高度集中，使城市化和"时空压缩"变为现实。然而，搭上"资本列车"的城市化在带来经济高速增长和劳动的社会化和生产资料大规模社会结合的同时，也陷入了另一种困境：在资本逻辑作用下，对利益的追寻成了城市空间塑造的根本动因，城市建构的生产和创建过程成为资本控制和作用的结果，资本积累塑造着同质化和等级化的城市空间，并使城乡对立日益凸显。

在资本逻辑的侵蚀下，经济增长通常被视为唯一的目的，对人的关注则被定位在仅仅把人作为资本循环的工具和环节上。市场化带来经济的快速增长，但经济增长不可能自动带来公平正义和普遍的幸福，如果它不与分配、社会价值目标相联系，将会导致社会腐败、政治动荡、生态环境恶化、文化价值观念断裂等现代性分裂的后果。事实上，由片面追求经济增长而忽视环境保护和社会公平正义所带来的环境及社会问题与矛盾的解决也是一种资源消耗，这种消耗反过来会对经济增长形成制约，进而造成整个社会发展的不景气。

中国改革已进入攻坚阶段，打破固有的利益格局、逐步解决累积性的矛盾和问题已成为改革继续推进不得不攻克的难题。不可否认，沿用过去以土地等要素为重要抓手，仅靠投资和工业拉动，一味追求规模扩张、经济增长的城镇化发展路径，短期内在客观上仍会扩大内需，并为经济发展创造新的增长点，但如果仅仅着眼于此，就会陷入认识与操作上的误区，把新型城镇化建设变成为以往城市发展的经济泡沫寻找新的吸收和转嫁对象的借口，从而与彻底转变发展方式的初衷相悖。因此，必须从偏重物的城镇化特别是土地的城镇化，向重视人的城镇化转变，这将是新型城镇化发展的重点。这种转变是对城市空间生产价值回归的一种呼唤，也是对城市发展目标的重新审视，是以人为核心的城镇化，这应该成为今后城镇化发展的常态而并非改革现阶段的权宜之计。

新型城镇化是与新型工业化、信息化、农业现代化同步发展的空间结构优化与功能完善的过程。新型城镇化就是要以合理的产业布局作为支撑，在发展观念、产业结构、就业方式、人居环境、社会保障等方面逐步实现城乡一体化。其在本质上是纠正城乡之间长期存在的公平正义缺失、在城乡人口之间创造公平正义的过程。

众所周知，我国是世界人口第一大国，因此，保障粮食需求决定了农业在国民经济中的首要的、基础性和战略性地位。中国是又一个典型的二元经济的国家，城乡体制有很大差异，城乡发展不平衡已经成为制约经济均衡发展的重要因素。中国的城镇化问题，不仅仅决定着城市居民的福祉，更是一个决定着中国半数以上农民最终命运的重大问题。中华人民共和国成立以来，我国农民用低价农产品、低成本劳动力甚至低价土地长期支持工业化、城市化发展，到了今天，我国需要城市反哺农村、工业反哺农业了。只有通过工业化和信息化助力的农业现代化才能进一步解放农村劳动力，促进农业进一步发展，提高土地生产率，提高规模经济效率，才能够支撑我们的新型城镇化继续向前。同时，只有缩小城乡收入差距才能有效避免农田因为比较利益的原因而被撂荒，从而影响整个国民经济结构的平衡。这些既关系到城市，又关系到乡村；既关系到工业，又关系到农业、服务业等相关行业，进而关系到整个城乡经济结构布局。

结合中国国情，我们不能像西方国家那样单纯地走大城市集中式或郊区化蔓延式的城市化道路，更不能走以牺牲农业和农村为代价，人为地扩大贫富两极分化的片面城市化之路，而只能走城乡一体化协调发展的新型城镇化道路。城乡一体化，就是要统筹规划城乡建设，合理调整城乡产业结构，优化城乡生产要素配置，促进城乡资源综合开发，加速乡各项社会事业的共同发展。

城市空间重构则是城市不同利益主体对城市空间角逐的过程。改革说到底就是利益的重新分配。下一步的城镇化，并非是简单恢复公平，而是要打破固有利益格局。每一种发展方式或经济增长方式背后都有一个相对稳定的利益格局，当发展方式陷入僵化，既有的利益格局就成为了实现突破、获得进一步发展的障碍，只有打破现有博弈格局，才有可能出现一个真正的新型城镇化发展模式。通过削减或取消不当得益群体的得益，恰当补偿利益受损群体，建立公平的社会保障体系和完善的利益制衡机制，开辟合理有效的利益诉求渠道，重新调整利益分配格局，让更多群众在城市化过程中获益。努力实现城乡各方面利益的包容性增长，释放更大的社会潜力，激发改革的新活力，这是当前新型城镇化建设中一项意义重大而又异常艰巨的社会工程。

城镇化的发展过程离不开市场化的推进和发展。然而城市空间正义缺失的矫治需要公共政策的支撑。政府与市场应明确划分职责范围，政府应在宏观上保持经济稳定，在基础服务方面加强和优化公共服务，在市场监管方面加强监管力度，保障公平竞争，维护市场秩序，弥补市场失灵造成的损失，推动经济社会可持续发展，促进共同富裕等方面发挥重要的作用。如在城市公共政策的制定和执行过程中，应公平地分配空间资源，适当使空间资源向弱势群体倾斜，注意保护城市空间的多样性，等等。中国城镇化过程中，政府应在社会管理中起主导作用，加大在教育、基础设施和环境建设、城镇居民健康方面的投入，关注人和经济的共同健康发展，变权力政府为责任政府。社会管理是社会发展的助推剂，要实现社会发展的现代化就必须以社会管理现代化为依托。拥有健全的科教文卫体等社会事业、完善的社会保障制度以及充满活力的社会组织，是现代文明社会的重要表征。城市社会管理现代化通过促进城市社会结构朝着公正性、合理性、开放性方向优化转型，使整个城市空间的资源和机会配置更具效率、更趋公平、从而实现城市更好更快和可持续发展。

结语　推进面向实践的生产理论整体性研究

马克思主义坚持"理论与实践相结合"这一最基本的原则，能否在实践中彰显理论的魅力，成为马克思主义创新发展的根本要义。它不是要用经过"剪裁"的理论来"图解"现实，更不是完全无视现实发生的深刻变化仍然让理论自说自话，一味地强调"贯彻"理论，机械地让生动的实践来"迁就"理论。坚持理论与实践结合既要通过思想发展史的研究还原理论的真实内涵的价值旨归，还要通过不断丰富和发展理论内涵和方法来准确地"解释世界"，从而真实客观地反映实践规律，更为重要的还在于不能丢失理论价值引领的作用，通过创新和发展理论来不断批判实践，从而实现"改变世界"，让现实的发展不断接近人的理想和价值目标。

正是基于以上认识，本研究旨在通过对马克思生产理论形成的思想史进行深度的文本耕耘，对其产生的历史环境、思想渊源和思想发展过程加以认真探究，特别是对马克思生产理论同古典哲学、古典政治经济学的批判继承关系进行了梳理，深入挖掘和概括马克思生产理论的精神实质、理论内涵和逻辑方法。同时，结合现时代生产的新特点，着重对知识经济时代的价值创造、虚拟经济和消费社会的生产批

判以及现时代面临的诸如生态危机、金融危机、科技异化和城市发展
难题等发展困境，从生产目的角度加以重新审视，力图用马克思生产
理论的原则方法来思考生产现实及相关问题，并尝试为走出发展困境
寻找出路。目的在于在历史的反思与现实的关照中激活理论，真正实
现理论和实践的有机结合，以生产实践提出的新问题推进生产理论的
研究，以创新的理论来指导社会的生产实践，从而凸显马克思生产理
论的当代价值。

一、坚持方法论自觉：马克思生产理论是一个意义整体

正如前文所阐释的，马克思从直接生活的物质生产出发来阐述现
实的生产过程，把同这种生产方式相联系的、它所产生的交往形式即
各个不同阶段上的市民社会理解为整个历史的基础，并借助生产实现
了对资本主义社会总体性的历史透视，据此建立起社会批判的逻辑基
础，同时始终内蕴着对人的自由全面发展的深层价值诉求。生产研究
的历史唯物主义立场与对资本主义社会政治经济学批判紧密相连，并
且相互影响，坚持唯物史观和人的自由解放正是马克思政治经济学重
要的本质特征，而对人的自由全面发展的根本价值诉求恰恰在历史唯
物主义立场和政治经济学批判中找到了现实的实现路径，并作为一种方
向的指引贯穿理论的始终。也即是说，生产的历史阐释、社会批判与价
值诉求的有机统一，就构成了马克思生产理论的精神实质和方法论原则，
而这也正是马克思生产理论的理论品格和逻辑魅力之所在。

马克思自己曾强调："不论我的著作有什么缺点，它们却有一个
长处，即它们是一个艺术的整体。"[①] 在马克思主义创始人那里，对生

---

① 《马克思恩格斯文集》第10卷，人民出版社2009年版，第231页。

产的研究成果本来就是融会贯通的，并没有进行分门别类地学科化区分。马克思生产理论是一个意义整体，它本身是马克思经济学研究和哲学研究相互结合、相互促进的理论产物，同时又有着鲜明的价值旨向。后来随着马克思主义理论在传播和解读过程中被分割成哲学、政治经济学和科学社会主义几个板块来加以研究和灌输，学科分化式的研究越来越明显。这种学科分化式研究在历史上曾起到了一定的积极作用，推进了一些具体研究的深化和细化。但是越来越多的学者已经开始意识到，过于分门别类的理论研究不利于完整准确地把握马克思生产理论的精神实质及其形成发展过程。特别是在经过一段时间的分门别类研究后，尤其需要对研究进行统合、整理、贯通，这也是理论研究在更高层面上得以提升发展的要求。长期以来，受现行科研和学科体制影响，研究者往往囿于教条的学科划界和僵化保守的专业意识、拘泥于各自的知识背景和学科视角来思考生产问题，很容易陷入对马克思生产理论进行分割式研究的误区。然而事实是，现实的生产内容包罗万象、多种因素交互作用，生产的过程始终在不断地发展演变中，不能仅仅从一个孤立的学科视角一成不变地来看待生产，而是要用辩证的态度来整体地审视，在关系中、过程中和系统中动态地把握生产。马克思生产理论也是一个发展着的有机整体，只有从整体上系统地、完整地把握马克思生产理论，才能最大限度发挥出其整体性的理论功能、逻辑魅力和实践价值，为现实的生产提供指导。

首先，应把对生产的研究深入社会历史层面，坚持正确认识和深入理解现实历史运动的总体过程的辩证法，以辩证的、历史发展的眼光来看待和把握生产，即要坚持唯物史观的基本立场和方法。其次，应该让生产研究真正切中历史发展的基础和动力——人们的经济活动，关注政治经济学批判在马克思生产理论形成发展过程中的重要作用。

要积极借鉴经济学的研究成果，并善于将经济学的数量模型分析等实证研究的有益成果上升到哲学理论层面，但又不能陷入纯粹数量化的经济分析中而缺少整体宏观的社会历史批判性视野，要充分重视经济学与哲学的内在统一和关联。最后，任何关于生产的研究和思考都不能脱离处于社会关系中的个人所面对的生存境遇，研究生产不能脱离服务人的基本主题，生产是为人的生产，生产研究最终要以实现人的自由全面发展为根本价值旨归。

二、聚焦现实生产：以问题导向桥接理论和实践的断层

实践的观点是马克思主义哲学首要的基本的观点，同时也成为贯穿于整个马克思主义理论的本质特征。正是由于把实践引入社会历史领域，找到了建立唯物史观体系的基础——直接生活的物质生产，马克思生产理论才真正立足于一个全新的起点上。今天，人工智能、纳米技术、大数据和基因遗传学等领域的新发展、新突破，将社会生产力推进到一个崭新的历史阶段。社会生产也展现出一种前所未有的崭新景象。对于这些新发展、新变化，生产理论研究者尤其应当加以关注。例如，在"互联网＋"时代，随着移动终端、物联网和云计算等新技术的发展，现实的生产条件使共享模式的创新与应用成为可能，并继续不断为此提供各种便利。与此同时，互联网技术的不断推广、社交网络生态的日益成熟，又使得共享经济（sharing economy，又称分享经济）这一全新的商业潮流已初现端倪。目前，共享经济的商业模式已广泛渗入了从消费到生产的各类产业，颠覆了传统的生产消费模式，改变了传统的产消关系，使资源实现更大范围的合理配置，有力地推进了产业创新与转型升级。面对这些生产领域的新变化、新模式，以

及由此引发的新问题，当代理论研究者不能视而不见，更不能一味地回避问题。

问题是学术研究的起点，也是科学研究的内在生长点，只有形成鲜明的问题意识，才能不断推动学术研究走向深入，开启新的理论空间。事实表明，重大现实和理论问题的提出是理论创新的起点。马克思主义正是在不断回答和解决时代提出的重大问题中获得发展的。问题是时代的声音，是表现时代状态的最实际的呼声。从问题入手可以桥接理论和实践的断层。

理论和实践既有分别、有距离，同时也有联系，可融通。现实的一系列问题只有经过细致缜密的理论抽象与分析才可能上升为一定的理论。在理论和实践的融通转化过程中存在着一些态度和方法上的障碍，也存在着诸如问题意识、调查研究、问题提炼、方法和路径的选择等重要的环节。只有扫除态度和方法上的障碍，打通这些基本环节，才能实现理论与实践的统一。理论本身虽然不能直接解决问题，但它可以为人们提供看问题的角度，帮助人们有效地分析问题，并在寻求解决问题的路径和方法过程中少走弯路。

基于上述两个基本的原则方法，本研究尝试性地做了一些粗浅的理论耕耘和探索，然而当前仍有一些重大理论和现实问题需要进一步深入探讨，例如，在通过文本解读和思想史研究相结合的方法来揭示马克思生产理论形成过程中历史唯物主义和政治经济学批判之间的内在统一关系，进一步明晰马克思生产理论的理论内涵方面还有待加强。再如，马克思《资本论》及其手稿中有关社会再生产理论、虚拟资本、消费异化、总体工人以及空间生产等思想的论述为我们从生产的视角正确理解和把握现时代的生产状况提供了宝贵的思想资源，亟须认真挖掘。又如，面对波澜壮阔的中国特色社会主义伟大实践，我们迫切需要基于新的发展理念，结合当前国际国内的生产实际，对中国自身生产的存在样态与发展轨迹加以研究，在回答中国和世界生产发展过程中的具体问题中形成哲学层面的观念和理论的共识，并为中国新时代生产实践提供必要的理论支撑和现实指引。这些问题受篇幅和个人能力所限都未能深入展开。而只有针对现实生产的新情况、新问题，更好地确定自己的理论定位与研究主题，才能更好地推进面向实践的生产理论整体性研究不断深化，廓清生产问题认识上的迷雾，凸显马克思生产理论的当代价值。这些恰恰是马克思生产理论今后研究的一个重要方向。

参考文献

一、中文论著

1. 经典文献

[1]《马克思恩格斯全集》第1-50卷，人民出版社1956—1985年版。

[2]《马克思恩格斯全集》第1、2、3、10-14、16、19、21、25、26、30-36、42-49卷，人民出版社1995-2016年版。

[3]《马克思恩格斯选集》第1-4卷，人民出版社1995年版。

[4] 马克思:《资本论》第1-3卷，人民出版社2004年版。

[5]《马克思恩格斯文集》第1-10卷，人民出版社2009年版。

[6]《列宁选集》第1-4卷，人民出版社1995年版。

[7] 列宁:《黑格尔〈逻辑学〉一书摘要》，人民出版社1965年版。

[8]《毛泽东选集》第1-4卷，人民出版社1991年版。

[9]《邓小平文选》第1-3卷，人民出版社1993—1994年版。

2. 相关中文译著

[10][德] 黑格尔:《法哲学原理》，范扬等译，商务印书馆1961年版。

[11][德] 黑格尔:《小逻辑》，贺麟译，商务印书馆1980年版。

[12][德] 黑格尔:《逻辑学》上下卷，杨一之译，商务印书馆

1966、1976年版。

[13][德] 黑格尔:《精神现象学》上下卷,贺麟、王玖兴译,商务印书馆1979年版。

[14][德] 康德:《道德形而上学原理》,苗力田译,上海人民出版社2005年版。

[15][德] 康德:《历史理性批判文集》,何兆武译,商务印书馆1990年版。

[16][德] 康德:《纯粹理性批判》,邓晓芒译,人民出版社2004年版。

[17][德] 康德:《实践理性批判》,韩水法译,商务印书馆1999年版。

[18][英] 亚当·斯密:《国富论》,唐日松等译,华夏出版社2005年版。

[19][英] 亚当·斯密:《道德情操论》,谢宗林译,中央编译出版社2011年版。

[20][英] 大卫·李嘉图:《政治经济学及赋税原理》,郭大力、王亚男译,商务印书馆1976年版。

[21][德] 弗里德里希·李斯特:《政治经济学的国民体系》,陈万煦译,商务印书馆1961年版。

[22][美] 约瑟夫·熊彼特:《经济分析史》第1—3卷,商务印书馆2009年版。

[23][美] 约翰·奈斯比特:《大趋势》,梅艳译,中国社会科学出版社1984年版。

[24][美] 弗·杰姆逊:《后现代主义与文化理论——弗·杰姆逊教授讲演录》,唐小兵译,陕西师范大学出版社,1987年版。

[25][美] 詹明信:《晚期资本主义的文化逻辑》,张旭东编,陈清

侨、严锋等译，生活·读书·新知三联书店1997年版。

[26][法]居伊·德波：《景观社会》，王昭凤译，南京大学出版社2006年版。

[27][法]波德里亚：《消费社会》，刘成富、全志钢译，南京大学出版社2000年版。

[28][法]尚·布希亚：《物体系》，林志明译，上海人民出版社2001年版。

[29][法]鲍德里亚：《生产之镜》，仰海峰译，中央编译出版社2005年版。

[30][法]鲍德里亚：《符号政治经济学批判》，夏莹译，南京大学出版社2009年版。

[31][德]哈贝马斯：《重建历史唯物主义》，郭官义译，社会科学文献出版社2000年版。

[32][德]尤尔根·哈贝马斯：《认识与兴趣》，郭官义、李黎译，学林出版社1999年版。

[33][德]哈贝马斯：《作为"意识形态"的技术与科学》，李黎、郭官义译，学林出版社1999年版。

[34][美]戴维·哈维：《后现代的状况——对文化变迁之缘起的探究》，阎嘉译，商务印书馆2004年版。

[35][美]大卫·哈维：《希望的空间》，胡大平译，南京大学出版社2006年版。

[36]〔加〕威廉·莱斯：《自然的控制》，岳长龄、李建华译，重庆出版社1993年版。

[37][美]詹姆斯·奥康纳：《自然的理由——生态学马克思主义研

究》，唐正东、臧佩洪译，南京大学出版社2003年版。

[38][美]马歇尔·萨林斯:《文化与实践理性》，赵丙祥译，张宏明校，上海人民出版社2002年版。

[39][美]斯蒂芬·贝斯特、道格拉斯·科尔纳:《后现代转向》，陈刚译，南京大学出版社2002年版。

[40][美]乔治·瑞泽尔:《后现代社会理论》，谢立中等译，华夏出版社2003年版。

[41][美]德里克:《后革命氛围》，王宁等译，中国社会科学出版社1999年版。

[42][比利时]厄尔奈斯特·曼德尔:《晚期资本主义》，马清文译，黑龙江人民出版社1983年版。

[43][法]路易·阿尔都塞、艾蒂安·巴里巴尔:《读〈资本论〉》，李其庆、冯文光译，中央编译出版社2001年版。

[44][法]雅克·德里达:《马克思的幽灵——债务国家、哀悼活动和新国际》，何一译，中国人民大学出版社1999年版。

[45][美]赫伯特·马尔库塞:《单向度的人——发达工业社会意识形态研究》，张峰、吕世平译，重庆出版社1993年版。

[46][日]堤清二:《消费社会批判》，朱绍文等译，经济科学出版社1998年版。

[47][英]迈克·费瑟斯通:《消费文化与后现代主义》，刘精明译，译林出版社2000年版。

[48][印度]阿马蒂亚·森:《以自由看待发展》，任赜、于真译，中国人民大学出版社2002年版。

[49][法]雷蒙·阿隆:《论自由》，姜志辉译，上海世纪出版集团

2007年版。

[50]〔加拿大〕罗伯特·W.考克斯:《生产、权力和世界秩序——社会力量在缔造历史中的作用》,林华译,世界知识出版社2004年版。

[51][美]马克·波斯特:《第二媒介时代》,范静哗译,南京大学出版社2001年版。

[52]〔日〕广松涉:《资本论的哲学》,邓习议译,南京大学出版社2013年版。

[53][法]托马斯·皮凯蒂:《21世纪资本论》,巴曙松等译,中信出版社2014年版。

[54][美]克里斯·安德森:《创客新工业革命》,萧潇译,中信出版集团2015年版。

[55][美]布莱恩·阿瑟:《技术的本质:技术是什么,它是如何进化的》,曹东暝、王健译,浙江人民出版社2014年版。

[56][德]费彻尔:《马克思与马克思主义:从经济学批判到世界观》,赵玉兰译,北京师范大学出版社2009年版。

[57][意]奈格里:《〈大纲〉:超越马克思的马克思》,张梧、孟丹、王巍译,北京师范大学出版社2011年版。

[58][英]克拉克:《经济危机理论:马克思的视角》,杨健生译,北京师范大学出版社2011年版。

3. 相关中文著作

[59]陈先达:《走向历史的深处——马克思历史观研究》,中国人民大学出版社2006年版。

[60]孙伯鍨:《探索者道路的探索》,南京大学出版社2002年版。

[61]陈学明:《永远的马克思》,人民出版社2006年版。

[62] 杨耕:《"危机"中的重建——历史唯物主义的现代阐释》,中国人民大学出版社1995年版。

[63] 陈先达等:《被肢解的马克思》,上海人民出版社1990年版。

[64] 丰子义:《发展的反思与探索——马克思社会发展理论的当代阐释》,中国人民大学出版社2006年版。

[65] 黄楠森主编:《马克思主义哲学史》,高等教育出版社1998年版。

[66] 赵家祥、丰子义:《马克思东方社会理论的历史考察和当代意义》,高等教育出版社2002年版。

[67] 杨耕:《为马克思辩护——对马克思哲学的一种新解读》,北京师范大学出版社2004年版。

[68] 张一兵:《回到马克思——经济学语境中的哲学话语》,江苏人民出版社2014年版。

[69] 聂锦芳:《清理与超越:重读马克思文本的意旨、基础与方法》,北京大学出版社2005年版。

[70] 贺来:《"主体性"的当代哲学视域》,北京师范大学出版社2013年版。

[71] 唐正东:《斯密到马克思——经济哲学方法的历史性诠释》,南京大学出版社2002年版。

[72] 宫敬才:《马克思经济哲学研究》,人民出版社2014年版。

[73] 孙承叔、王东:《对〈资本论〉历史观的沉思》,学林出版社1988年版。

[74] 刘森林:《重思发展——马克思发展理论的当代价值》,人民出版社2003年版。

[75] 何怀远:《发展观的价值维度——"生产主义"的批判与超越》,

社会科学文献出版社2005年版。

[76] 吕世荣:《马克思社会发展理论研究》,中国社会科学出版社2001年版。

[77] 赵家祥、梁树发:《新技术革命与唯物史观的发展》,河北人民出版社1987年版。

[78] 俞吾金:《问题域的转换——对马克思和黑格尔关系的当代解读》,人民出版社2007年版。

[79] 邓晓芒:《思辨的张力——黑格尔辩证法新探》,商务印书馆2008年版。

[80] 姜丕之:《黑格尔〈逻辑学〉一书摘要解说》,上海人民出版社1982年版。

[81] 陈岱孙:《从古典经济学派到马克思》,上海人民出版社1981年版。

[82] 顾海良:《马克思经济思想的当代视界》,经济科学出版社2005年版。

[83] 顾海良、张雷声:《马克思劳动价值论的历史与现实》,人民出版社2002年版。

[84] 张雄,鲁品越主编:《中国经济哲学评论:2006·资本哲学专辑》,北京:社会科学文献出版社2007年版。

[85] 俞可平、王伟光、李慎明主编:《全球金融危机与马克思主义》,重庆出版社2011年版。

[86] 仰海峰:《走向后马克思:从生产之镜到符号之镜——早期鲍德里亚思想的文本学解读》,中央编译出版社2004年版。

[87] 胡大平:《后革命氛围与全球资本主义——德里克"弹性生产时代的马克思主义"研究》,南京大学出版社2002年版。

[88] 刘骏民:《从虚拟资本到虚拟经济》,山东人民出版社1998年版。

[89] 郗戈:《超越资本主义现代性——马克思现代性思想与当代社会发展》,中国人民大学出版社2014年版。

[90] 王虎学:《马克思分工思想研究》,中央编译出版社2012年版。

[91] 覃志红:《马克思总体生产思想研究》,人民出版社2012年版。

[92] 周绍东:《分工与创新:发展经济学的马克思主义复兴》,经济科学出版社2015年版。

[93] 孙乐强:《马克思再生产理论及其哲学效应研究》,江苏人民出版社2015年版。

[94] 刘荣军:《财富、人与历史:马克思财富理论的哲学意蕴与现实意义》,人民出版社2009年版。

4. 相关论文

[95] 仰海峰:《生产理论与马克思哲学范式的新探索》,载《中国社会科学》,2004年第4期。

[96] 仰海峰:《形而上学批判·资本逻辑与总体性·社会批判理论——马克思哲学的三个批判维度》,载《学术研究》,2005年第5期。

[97] 仰海峰:《〈资本论〉与〈政治经济学批判大纲〉的逻辑差异》,载《哲学研究》,2016年第8期。

[98] 丰子义:《关于生产力发展的跨越问题》,载《河北学刊》,2006年第6期。

[99] 丰子义:《社会发展与结构转换——马克思的研究视角》,载《西南大学学报》(社会科学版),2012年第4期。

[100] 丰子义:《问题研究与路径选择》,载《哲学动态》,2013年第3期。

[101] 丰子义:《政治经济学批判功能的当代价值》,载《中国社会科学》,2016年第10期。

[102] 姚顺良:《物质生产与自由活动 ——〈1857—1858年经济学手稿〉对〈德意志意识形态〉的一个重大发展》,载《南京社会科学》,2010年第9期。

[103] 唐正东:《马克思与"劳动崇拜"——兼评当代西方学界关于马克思劳动概念的两种代表性观点》,载《南京社会科学》,2005年第4期。

[104] 唐正东:《马克思政治经济学批判的逻辑层次》,载《中国社会科学》,2016年第10期。

[105] 张盾:《重新辨析马克思创立历史唯物主义的理论本意——评后现代理论对马克思"生产"概念的批判》,载《哲学研究》,2005年第6期。

[106] 张盾:《哲学经济学视域中的劳动论题——关于马克思与黑格尔理论传承关系的微观研究》,载《南京大学学报》(哲学·人文科学·社会科学),2006年第5期。

[107] 何怀远:《"生产主义批判"的历史和逻辑》,载《哲学动态》,2006年第1期。

[108] 张一兵:《作为马克思经济学研究前提的唯物史观的双重结构》,载《东方论坛》,1994年第4期。

[109] 张一兵、周嘉昕:《"资产阶级生产方式":资本主义批判的一般理论框架》,载《山东社会科学》,2008年第5期。

[110] 周嘉昕:《历史唯物主义视域中的生产和生产方式概念》,载《教学与研究》,2009年第11期。

[111] 周嘉昕:《从私有财产批判到生产方式分析———论马克思

对"市民社会"理论的超越》，载《学习与探索》，2010年第2期。

[112] 俞吾金：《经济哲学的三个概念》，载《中国社会科学》，1999年第2期。

[113] 俞吾金：《作为全面生产理论的马克思哲学》，载《哲学研究》，2003年第8期。

[114] 庄友刚：《空间生产与资本逻辑》，载《学习与探索》，2010年第1期。

[115] 庄友刚：《空间生产与当代马克思主义哲学范式转型》，载《学习论坛》，2012年第8期。

[116] 郗焜：《论马克思和恩格斯"全面生产"理论的复杂性特征——对机械唯物史观的批判》，载《中国人民大学学报》，2006年第6期。

[117] 孙伯鍨：《关于总体性的方法论问题》，载《江苏社会科学》，1998年第4期。

[118] 赵家祥：《"知识经济"与物质生产的决定作用》，载《思想理论教育导刊》2004年第3期。

[119] 陈学明：《资本逻辑与生态危机》，载《中国社会科学》，2012年第11期。

[120] 吴晓明：《黑格尔法哲学与马克思社会政治理论的哲学奠基》，载《天津社会科学》，2014年第1期。

[121] 魏小平：《资本主义经济关系中的政治、哲学与伦理——以MEGA2中马克思文本为基础的阅读与理解》，载《哲学研究》，2012年第9期。

[122] 邹广文：《当代哲学如何关注"中国问题"》，载《哲学动态》，2013年第3期。

[123] 邹广文、李成旺：《历史唯物主义中"历史"概念的双重内涵》，载《清华大学学报》（哲学社会科学版），2007年第6期。

[124] 吕世荣：《塑造面向问题的大哲学》，载《中国社会科学报》，2013年第1期。

[125] 郑忆石：《整体性：当代中国马克思主义哲学研究的应然维度》，载《广东社会科学》，2016年第3期。

[126] 邢立军：《从概念逻辑到生产逻辑——马克思的总体性方法与理论》，载《社会科学战线》，2008年第3期。

[127] 杨乔喻：《探寻马克思生产力概念生成的原初语境》，载《哲学研究》，2013年第5期。

[128] 李培超：《论马克思伦理思想的整体性》，载《哲学研究》，2012年第5期。

[129] 顾海良：《马克思经济学手稿解读的新视域》，载《马克思主义与现实》，2012年第3期。

[130] 马拥军：《西方马克思主义政治经济学批判的当代意义》，载《哲学动态》，2012年第10期。

[131] 张雪魁：《回归马克思的经济哲学传统——马克思经济哲学的批判逻辑及其当代意义》，载《学术月刊》，2009年第7期。

[132] 王浩斌：《政治经济学批判：马克思主义哲学话语权的建构路径》，载《吉林大学社会科学学报》，2006年第1期。

[133] 安建华：《古典政治经济学研究方法浅析》，载《河北大学学报》（哲学社会科学版），1993年第3期。

[134] 罗骞：《现代性批判的"基础存在论"——论政治经济学批判的历史唯物主义性质和意义》，载《马克思主义研究》，2007年第11期。

[135] 郗戈:《从黑格尔到〈资本论〉——现代性矛盾的调和与超越》,载《学术月刊》,2014年第4期。

[136] 王南湜:《剩余价值、全球化与资本主义——基于改进卢森堡"资本积累论"的视角》,载《中国社会科学》,2012年第12期。

[137] 冷梅:《生产现代性批判之剖析》,载《西南大学学报》(社会科学版)2007年第3期。

[138] 张永庆:《现实的个人辩证法与历史唯物主义总体逻辑——兼论历史唯物主义研究中的"隐性唯心主义"问题》,载《武汉科技大学学报》(社会科学版)2015年第4期。

[139] 任平:《空间的正义——当代中国可持续城市化的基本走向》,载《城市发展研究》,2006年第5期。

[140] 车玉玲:《对空间生产的抵抗》,载《学习与探索》,2010年第1期。

[141] 覃志红:《马克思生产理论研究的反思与探索》,载《齐鲁学刊》,2010年第2期。

[142] 覃志红:《马克思分工思想超越启蒙的自由论域》,载《长白学刊》,2015年第6期。

[143] 姜海波:《〈德意志意识形态〉中的生产力与唯物史观的构成》,载《学术月刊》,2007年第7期。

[144] 谢中起:《马克思生产理论是反生态的吗》,载《河北学刊》,2004年第6期。

[145] 王代月:《再读马克思生产理论》,载《社会主义研究》,2005年第5期。

[146] 李海清:《面向中国问题的中观性社会理论——当代马克思

主义哲学中国化的应然形态》，载《哲学动态》，2013年第3期。

[147] 程恩富：《马克思主义政治经济学理论体系多样化创新的原则和思路》，载《中国社会科学》，2016年第11期。

[148] 吴秀生：《广义虚拟经济生产方式初探》，载《广义虚拟经济研究》，2010年第1卷第2期。

[149][美] 洛仁·戈尔德纳：《当前金融危机与资本主义生产方式的历史性衰落》（上），曹浩翰译，载《海外理论动态》，2009年第9期。

[150] 陈弘，闫磊：《生产过剩的危机——对金融危机的马克思主义解读》，载《中共天津市委党校学报》2011年第2期。

[151] 胡莹：《"消费不足论"还是"生产过剩论"——评马克思主义经济危机理论早期的一个争论》，载《当代经济研究》，2015年第7期

[152] 糜海波：《当代工人阶级概念的变迁及历史境遇——基于知识经济和全球化背景的考察》，载《理论导刊》，2010年第10期。

二、外文文献

[153]Cory Doctorow, *Makers*, UK/ Voyager: Harper Voyager ,2009.

[154]Jean Baudrillard, *The Mirror of Production*, Tr. Mark Poster, Telos Press, 1975.

[155]Jean Baudrillard: *For a Critique of the Political Economy of the Sign*, Telos Press, 1981.

[156]Fredric Jameson, *The Political Unconscious,* Cornell University Press, 1981.

[157]Adam Roberts, *Fredric Jameson, Routledge,* London and New York, 2000.

[158]Jon Simons, *Contemporary Critical Theorists from Lacan to Said.* Edinburgh University Press, 2004.

[159]David Harvey,*The Limits to Capital*,The University of Chicago Press,1982.

[160]David Harvey,*The Condition of Postmodenity:An Enquiry into the Origins of Cultural Change*.Blackwell,1989.

[161]Louis Althusser, *For Marx*.Translated by Ben Brewster. Verso,1990.

[162]Guy Debord,*Comments on the Society of the Spectacle*, London .New York, 1998.

[163]Guy Debord, *The Society of the Spectacle*,Zone Books. New York,1995.

[164]Henri Lefebvre, *Everyday Life in the Modern World,* New York, Evanston, San Francisco, London, 1971.

[165]Mark Poster, *Existential Marxism in Postwar France, From Sartre to Althusser*, Princeton University Press,1975.

[166]Douglas Kellner, *Critical Theory, Marxism and Modernity,* Cambridge: Polity Press,1994.

[167]Sofia Papavlasopoulou; Michail N. Giannakos; Letizia Jaccheri, Empirical Studies on the Maker Movement, A Promising Approach to Learning: A Literature Review, *Entertainment Computing,* 2016.

[168]Carmen M.Reinhart, Kenneth S.Rogoff. *This Time Is Different: Eight Centuries of Financial Folly*, Princeton University Press,2009.

[169]Harry Magdoff, Paul M.Sweezy. *Stagnation and the Financial Explosion*, Monthly Review Press,1987.